TERESA
DE CALCUTA

TERESA
DE CALCUTA
UNA MADRE PARA TODOS

MARÍA JOSÉ FLORIANO NOVOA

Al amor de mi vida
A MI MADRE, por su amor infinito; nadie como ella sabe de
lo que aquí habla la Madre Teresa
A mi sangre, a mi hermana del alma
A mis niños, la pureza y la inocencia. Ellos me hacen creer
que no existe nada malo
A la abuela, por ser más que una segunda madre
A mis amigos, mis raíces, mi equilibrio y mi bienestar
A la sister y el brother, por ser incondicionales.

ÍNDICE

PRÓLOGO

Todos los autores consultados para la realización de este libro, que conocieron a la Madre Teresa, hablan de su profunda entrega y generosidad para con ellos. Navin Chawla en *Mi vida con los ·más pobres* contó con su bendición, apoyo y confianza. Involucrar a muchos de los voluntarios de la Madre Teresa en el libro fue una tarea harto difícil, ya que la gran mayoría entendía que su trabajo tenía mucho que ver con el anonimato.

En el caso de Lucinda Vardey con *Camino de Sencillez*, la Madre Teresa consideraba que ya se habían escrito muchos libros sobre ella y no estaba segura de la utilidad de otro documento, sobre todo porque su trabajo en la tierra estaba relacionado con el amor y no con una posible guía de conducta. Sin embargo, una vez más apoyó la iniciativa y estuvo disponible en todo momento para las consultas y entrevistas que la autora necesitó hacer una vez iniciado el proyecto. Finalmente les deseó suerte en su andadura.

A José Luis González-Balado no le ocurrió algo distinto, en su libro *Mi vida por los pobres* cuenta que la Madre Teresa jamás hubiera hablado de autobiografía, básicamente porque no se consideraba merecedora de tales atenciones, no creía que fuera objeto de interés y mucho menos un motivo de ejemplo. Aún así el libro fue el resultado de algunas entrevistas y sobre todo de largos ratos de charlas y conversaciones, algunas con la propia Madre Teresa, otras con colaboradores. Crucial fue el contacto con monseñor Paul Hnilica, al que González-Balado vio por primera y última vez en su viaje a Roma. Este obispo checoslovaco, jesuita en el exilio, le proporcionó folios, cartas y entrevistas sobre la Madre Teresa, material clave para el desarrollo del libro.

Tanto en los libros consultados como el a continuación escrito muestran cifras relativas en lo referente a datos de casas, colaboradores, misioneros, número de enfermos…, las alusiones temporales son relativas también. Para la Madre Teresa era importante la persona y no las estadísticas, a la hora de contar una anécdota no le parecía lo fundamental el tiempo exacto en el que había ocurrido, de ahí que muchas veces empleara expresiones como «hace unos meses, el otro día, la semana pasada», para referirse a situaciones que no sabemos bien cuál fue su ubicación en el tiempo y que ha sido casi imposible averiguarlo. Lo que le importaba era la fuerza de lo que estaba contando, y por este motivo reiteraba los temas, y eso es lo pretendido también a lo largo de estas páginas. Por si hubiera alguna duda, aclarar que en ningún momento se pone en entredicho la autenticidad de lo que contó, todo lo contrario.

INTRODUCCIÓN

Para hablar de la Madre Teresa y, más concretamente para entender su obra hemos de detenernos unas cuantas páginas en un país que no sólo atrajo a la Madre Teresa, sino que ha seducido a cuanto turista, visitante, o trabajador ha pasado por allí. La India es un país de contrastes, en el que es imprescindible adentrarnos para comprender por qué la Madre Teresa empezó en este lugar y no en otro país del mundo. Conocer cuáles fueron sus condiciones de trabajo, con qué se encontró a su llegada, en qué consistieron sus dificultades… por qué se llegó a considerar india de adopción hasta el punto de obtener la nacionalidad en 1949, tras veinte años de permanencia en el país.

Todos estos aspectos nos darán una idea global de la India y la Madre Teresa.

Vamos a sumergirnos poco a poco en su Historia y su política, en su cultura, sus gentes y sus costumbres, en su economía y su religión, en sus ciudades y sus principales características. Un camino cargado de sensaciones y de una dura realidad.

Algunos apuntes sobre el país. Múltiples lenguas y religiones

La India constituye el segundo país más poblado de la tierra (el primer lugar lo ocupa China) y el séptimo más extenso en cuanto a terreno. Se puede decir que es uno de los países más complejos, por la gran cantidad de etnias y lenguas que conviven. Desde hace siglos multitud de grupos, lenguas, religiones y castas protagonizan las relaciones personales de este país haciéndolo diferente.

13

Poseen un sistema de castas que les pertenece en exclusiva y que tiene que ver con muchos siglos de tradición.

La lengua oficial es el hindi aunque, dependiendo del estado, hay otras catorce lenguas más que tienen la condición de oficiales en uno o más estados. Desde la época colonial el inglés sigue siendo la segunda lengua más hablada en el país, sobre todo en determinados ámbitos como el administrativo y el económico. A pesar de existir una libertad de culto, la religión mayoritaria es el hinduismo, la cual no tiene carácter oficial debido a que el Estado es laico, aunque cuatro de cada cinco ciudadanos indios son hinduistas. El islamismo también tiene una presencia importante en el país, de hecho es una de las primeras naciones islámicas del mundo. Además de otros cultos en la India hay cristianos, sikhs, budistas y jainistas.

Los contrastes están a flor de piel en lo que algunos han llamado «la mayor democracia del mundo». El subdesarrollo continúa viéndose la cara con una fuente importante de materias primas y de recursos económicos. Se trata de una civilización antiquísima y exquisita que se encuentra con un atraso extendido a la mayoría de sus habitantes. Lo que desde siglos se viene llamando lujo asiático, el de los maharajás, aún pervive ante la marginación y la pobreza de la inmensa población. Analfabetismo y conocimientos científicos a la altura de la bomba atómica.

Así, y de otras muchas maneras, es la India.

Estados Capital

Andhra Pradesh	Hyderabad
Assam	Shillong
Bengala Occidental	Calcutta
Bihar	Patna
Gujarat	Gandhinagar
Haryana	Chandigarh
Himachal Pradesh	Simla
Jammu y Cachemira	Srinagar
Karnataka	Bangalore
Kerala	Trivandrum

Madhya Pradesh	Bhopal
Maharashtra	Bombay
Manipur	Imphal
Meghalaya	Shillong
Mysore	Bangalore
Nagaland	Kohima
Orissa	Bhubaneswar
Punjad	Chandrgart
Rajasthán	Jaipur
Sikkim	Gangtok
Tamil Nadu	Madrás
Tripura	Agartala
Uttar Pradesh	Lucknow

Territorios de la Unión

Andamar y Nicobar, Islas (Port Blair)
Arunachal Pradesh (Itangar)
Chandigarh (Chandigarh)
Dadra y Nagar Haveli (Silvassa)
Delhi (Delhi)
Goa, Daman y Diu (Panaji)
Lakshadweep (Kavaratti)
Mizoram (Aizawl)
Pondicherry (Pondicherry)

La variedad de lenguas y etnias es tan grande que se puede hacer una clasificación de los grupos basándose en la lingüística, que tiene mucho que ver con sus orígenes étnicos. La Unión India tiene alrededor de 1.652 lenguas, que se pueden clasificar en cuatro familias de diferente importancia:

—Familia lingüística indoeuropea. La componen unos tres cuartos del total de hablantes y se extiende por los dos tercios septentrionales del país. Sus lenguas principales son: el hindi, que constituye el idioma oficial hablado por casi una tercera parte de los ciudadanos indios, el bengalí, máratha, el urdu que lo hablan principalmente musulmanes (similar a lo que ocurre con los indios y el hindi) y se escribe con caracteres arábigos, a éste le sigue el gujarati, oriya, punjabí, assamés, cachemir, sindhi y sánscrito. Son lenguas que están enumeradas según el orden numérico de hablantes.

—Familia lingüística dravidica. Abarca el tercio meridional del país y cuenta con un 23% del total de hablantes. Las lenguas más importantes son el telugu, tamil, kannada o kanaré y malayalam.

—Familia lingüística australo-asiática. Se trata de multitud de pequeñas lenguas, la mayoría tribales. Están ubicadas en el Asia Meridional.

—Familia lingüística chino-tibetana. Es el caso de lenguas muy minoritarias que se hablan en el Himalaya y las montañas de Birmania. Entre las dos zonas apenas llegan al 2% de hablantes.

En cuanto a las religiones, como el país es laico se tiene el derecho de propagar y practicar la religión que cada uno desee, en eso radica la libertad total de conciencia. De ahí que no pudiera existir ninguna religión oficial tanto en la Unión India como en ninguno de sus estados. El origen se encuentra tras la independencia de la India que quiso compatibilizar a sus dos grandes religiones contemporáneas: hinduismo e islamismo, aunque esto no le sirvió para evitar la posterior partición del país que dio lugar a Pakistán. Así las principales religiones en cuanto a número de fieles son: hinduismo, islamismo, sikhismo, catolicismo, anglicanismo, budismo, jainismo, zoroatrismo.

Las castas. El poder de la tradición

Más que la variedad de lenguas o religiones entre la población, lo que produjo verdaderas diferencias en la sociedad india fue el sistema de castas. Desde su implantación, la sociedad está perfectamente estratificada. La tradición hindú divide a la sociedad en cuatro castas, cada una de las cuales tiene a su vez multitud de subdivisiones. Las castas originales son: la de los brahamanes o sacerdotes, la de los kahatrias o guerreros, la de los vaisias o labradores y la de los sudras o trabajadores. No se sabe con certeza cómo llegó a la India el sistema de castas ni cómo consiguió arraigar. Una hipótesis apunta que quizá fueron introducidas por los pueblos de habla aria que penetraron en la India hacia el año 2000 a. C., aunque es un hecho dudoso ya que en los principales libros sobre invasores indoeuropeos no hacen referencia a las castas. Sea como fuere, el hecho es que el sistema quedó meticulosamente definido y las castas perfectamente divididas. La población hindú al completo quedó encasillada según su religión, ocupación, estado social e incluso domicilio. Todo el mundo pertenecía a alguna de estas castas, incluso los labradores estaban clasificados según sus ocupaciones. Los más bajos eran los intocables o *parias* (casta a la cual pertenecía la Madre Teresa), a los cuales les fue privada cualquier tipo de participación en la vida religiosa o civil, aunque constituyeran una mayoría, más de 60 millones. Se intentó cambiar esta situación cuando la India consiguió una plena soberanía como república, con Mahatma Gandhi en el poder se creó una nueva Constitución. Fue aprobada el 2 de octubre de 1949 y entró en vigor el 26 de enero de 1950, preconizaban la abolición de la «intocabilidad» y la concesión de una lista detallada de derechos democráticos. Sin embargo, el sistema de castas sobrevive 55 años después de que se promulgara esta Constitución que prohibía la discriminación por este motivo. Algunos sectores dicen que las castas no rigen la actividad del país, quizá no se llegue al extremismo de hace unos años, pero en la India actual muchas personas siguen siendo reconocidas por la casta a la que pertenecen. Se sigue hablando de dalit, de brahamanes, de los derechos de unos y otros, y ésa es la prueba más evidente de que el sistema perdura. Lo cierto es que más allá de las leyes parecen vivir las tradiciones, son difíciles de eliminar y, si se consigue, necesitan del paso del tiempo, de reformas sociales y de aires renovados.

Breves notas sobre la historia de la India

El siglo XX fue el siglo en el que vivió la Madre Teresa casi al completo. Nació en 1910 y murió en 1997. Vamos a intentar conocer un poco más a fondo qué pasó en la India durante todos esos años, cuál era su contexto político y social que seguro nos ayuda a entender las condiciones en las que trabajó esta religiosa.

Mahatma Gandhi

A principios de siglo comenzó a surgir en la India un incipiente nacionalismo. El poder británico había penetrado en el país a mediados del siglo XVIII y la consolidación del Imperio se había producido en el siglo XIX. En los primeros años del siglo XX comenzaron las primeras peticiones de autonomía, pero este sentimiento nacional se frenó ante el estallido de la I Guerra Mundial. Durante ese tiempo hubo lealtad a la Corona, un millón de soldados indios combatíeron bajo la bandera británica. En 1917, el secretario de estado para la India, Edwin S. Montagu hizo un informe en el que recomendaba la concesión gradual de autonomía. Una declaración que no tuvo consecuencias reales ya que el ejército disuadía, incluso violentamente, cualquier manifestación que solicitara dicha autonomía. El resultado fueron medidas aún más represivas. Ante estas medidas surgió el movimiento de «resistencia» *pasiva* que encabezaba Mahatma Gandhi. Mahatma era enemigo del régimen británico, pero fue educado en Inglaterra así que puso en práctica las formas extremas de resistencia pasiva y boicot al gobierno. Su principal arma contra el gobierno de Londres fue la no violencia y defendió a las castas inferiores.

En 1919 el Acta del Gobierno de la India introdujo el principio de un gobierno parlamentario con responsabilidad política. La India fue aceptada como miembro de la Commonwealth, y se sustituyó el concepto de economía colonial por el de economía mixta industrial pero con fondo agrícola. En este tiempo, Gandhi iba ganando adeptos, al tiempo que aumentaba su influencia y autoridad. Tras una huelga en la compañía ferroviaria East Indian Railways en 1922 a Gandhi le condenaron a seis meses de cárcel y hasta los dos meses no fue liberado. Se produjeron enfrentamientos con los ingleses. En 1927 el nacionalismo indio denunció a la Comisión Simón que había llegado a la India con el propósito de estudiar su futuro constitucional. A esto se sumó que la Declaración Irwin había enunciado el estatuto de Dominio como meta del desarrollo constitucional. Fue imposible evitar las protestas. Gandhi asumió de nuevo la dirección del movimiento de desobediencia civil en 1930, para evitar la influencia del ala izquierda que dirigía Jawaharlal Nehru. Y de nuevo el movimiento fue reprimido y Gandhi encarcelado.

Además de los enfrentamientos con los ingleses, hubo altercados entre hindúes y musulmanes. Los musulmanes habían ido aceptando la implantación occidental y de hecho colaboraban con el gobierno. Pero, el hecho de que la mayoría del Congreso, (nombre del partido que aglutinaba el nacionalismo) fuera hindú les hizo desconfiar de que en un futuro los hindúes pudieran hacerse por completo con el gobierno. Así la Liga Musulmana, que se creó en 1909, intervino para proteger los intereses musulmanes y sus derechos políticos. Llegó un momento tal y como se preveía, donde el Congreso se convirtió en un movimiento de masas dominado por líderes hindúes. Fue entonces cuando, los dirigentes musulmanes, al frente de Jinnah, resucitaron la Liga y la convirtieron en un movimiento de masas igual de hostil que el hindú. La población musulmana conformaba la cuarta parte de la población total de la India británica, comenzó a albergar deseos nacionales y de hecho conseguiría un territorio nacional independiente con el nombre de Pakistán.

En 1930 tuvo lugar una reunión con 80 representantes de todas las étnias y religiones indias, de todas las castas. El objetivo era crear una Federación de todos los estados y principados indios, en colaboración con los dirigentes de la llamada India Británica. Se exigió un sistema federal para la India y responsabilidad de los gobiernos central y locales para los indios. La ley de 1935 recogió algunas de estas aspiraciones, pero no llegó a entrar en vigor en todas sus formulaciones, así que Gandhi y sus seguidores continuaron con el empleo de tácticas no violentas y con la petición de retirada de los ingleses.

Estalló la II Guerra Mundial y Gran Bretaña no estaba dispuesta a dejar que Alemania interviniera en la India. Así el gobierno de Londres anunció que después de la guerra se tomarían las medidas necesarias para otorgarle a la India la autonomía que pedían, pero mientras tanto no iban a renunciar a la defensa del país que por otro lado seguía a su cargo. El virreinato de la India estaba dirigido por lord Wawell.

El ejército indio alcanzó su momento de mayor actividad cuando Japón entró en la guerra, en 1941. La posición de Gandhi continuó intacta durante todo este tiempo y estuvo sometido a custodia casi hasta que acabó la guerra en el año 1944. El Congreso quiso aprovechar la guerra para independizarse pero Gandhi se opuso. Aún así el Congreso intentó una rebelión en agosto de 1942 que resultó fallida.

Jawaharlal Nehru

Una vez terminada la II Guerra Mundial se celebraron elecciones en el año 1946. Obtuvo mayoría el Partido del Congreso lo que provocó, junto con otras diferencias, que no se pudiera colaborar en la redacción de una Constitución. En las elecciones de la Asamblea Constituyente volvieron a ganar los hindúes del Partido del Congreso, por lo que se decidió formar un gobierno interino en 1946 presidido por Nerhu. El nuevo virrey, lord Mountbatten empezó a negociar con este nuevo gobierno. Mountbatten, último virrey y gobernador general británico, proponía la separación de la India y el territorio musulmán de Pakistán. El gobierno lo aceptó y el 15 de agosto se produjo la división. Se designó gobernador general de Pakistán a Jinnah, que había estado al frente de la Liga Musulmana, y a Nerhu como primer ministro de la India. La separación fue problemática y estuvo agravada por diversos altercados. Se produjo una migración masiva de millones de sikhs e hindúes hacia la India y de musulmanes a Pakistán. A la declaración de independencia se le unió una masacre en Punjab de medio millón de víctimas.

Gandhi fue asesinado el 30 de enero de 1948. En febrero se consiguió redactar la nueva Constitución, y el nuevo Gobierno, una vez que Mountbatten abandonara el cargo, unificó los principados indios en el nuevo estado. En esta unificación se integró a Cachemira que al tener mayoría musulmana se produjo una breve guerra cuyo resultado fue que Pakistán ocupó una parte del territorio. La nueva Constitución entró en vigor en 1950 y convertiría a la India en un Estado soberano e independiente, aunque permanecería como miembro de la Commonwealth con un programa de gobierno que Nerhu había propuesto para erradicar los privilegios y reducir la pobreza.

En 1952 se celebraron las primeras elecciones con la nueva Constitución, el Partido del Congreso volvió a obtener el triunfo y Nerhu formaría nuevo gobierno. En esta ocasión intentó una política de neutralidad, y buscó un tercer camino entre los dos bloques dirigidos por la Unión Soviética y Estados Unidos. Continuaron los conflictos fronterizos y por tanto la partición de Cachemira. Unos problemas que se incrementaron cuando en 1959 llegaron las reivindicaciones chinas, sus tropas habían ocupado una parte de territorio hasta entonces indio. La India por su parte ocupó en 1961 las colonias portuguesas de Goa, Daman y Diu. Periódicamente se producían choques fronterizos con China y la crisis de Cachemira seguía vigente.

En 1960 se convocan nuevas elecciones, el Partido del Congreso vuelve a vencer pero ya no con mayoría por lo que tiene que aliarse con los partidos de la oposición: musulmanes y socialdemócratas. Jawaharlal Nehru murió en 1964, de alguna manera el hombre que había guiado la independencia de la India desapareció.

Después de 17 años continuos de gobierno, Nerhu murió de un infarto. Los más allegados dijeron que fue consecuencia de la guerra con China, sus detractores lo achacaron al peso de sus errores. Le acusaron de permitir la partición del país por motivos religiosos, en lugar de aceptar lo propuesto por Mahatma Gandhi, que el primer gobierno de una India confederada lo encabezara el musulmán Mohamed Alí Jinnah, fundador de Pakistán. Una partición que costó muchas vidas y el mayor éxodo de la historia de la humanidad. A pesar de todo Nerhu consiguió poner en marcha un nuevo país como era la India, una democracia secular donde pudieran convivir más o menos pacíficamente las distintas razas, religiones, lenguas y culturas. El sentimiento generalizado es que hubo que recurrir a la división para evitar una guerra entre hindúes y musulmanes. Por un lado, Pakistán, el País de los Puros, de confesión islámica, y por otro la India, que dio lugar a una

Constitución secular y con ello la posibilidad de que hoy sea el tercer país del mundo en población musulmana con 130 millones.

Del 1964 al 1966, ocupó el cargo de primer ministro Lal Bahadur Shastri, se le conoció apenas por rechazar un intento paquistaní de anexionarse Cachemira. La decisión de sustituir el inglés por el hindi como idioma oficial suscitó protestas en algunos estados del sur. Durante este tiempo, Indira Gandhi, única hija de Jawaharlal Nerhu, asumió la cartera de Información y Radiodifusión. Entre la India y Pakistán comenzaron las hostilidades en 1965, hubo una breve guerra, se llegó a un acuerdo de alto el fuego, pero eso no solucionó el problema. En Cachemira también se agravó la situación. No se puede hablar de una relativa normalidad hasta que en 1966 medió la Unión Soviética. Shastri y Ayub Khan, presidente de Pakistán, se reunieron para expresar su deseo conjunto de restablecer unas relaciones normales y pacíficas. Shastri murió al día siguiente y su sustituta fue Indira Gandhi.

Indira Gandhi

Indira Gandhi no tenía ninguna relación con Mahatma Gandhi, el apellido Gandhi le venía por su marido, Feroze Gandhi. Cuando ella llegó al poder, el país estaba pasando por una situación bastante difícil tanto política como económica. Los principales problemas eran: el hambre, el exceso demográfico, los separatismos, las guerras lingüísticas y religiosas, así como las tensiones internacionales sobre todo con China y Pakistán. Esta realidad hizo que en las elecciones de 1967 el partido en el poder, que seguía siendo el Partido del Congreso, no mantuviera la mayoría absoluta. La primera ministra formó un nuevo gobierno compuesto casi en su totalidad por tecnócratas, con el cual pensaba hacer frente a los graves problemas con los que contaba el país. Zakir Hussein fue el primer musulmán y miembro del Partido del Congreso que era elegido jefe de Estado el 6 de mayo. La primera ministra intentó poner en marcha las reformas previstas, una de las más importantes la supresión de privilegios de los antiguos príncipes, pero éstos se asociaron y consiguieron parar la medida. También intentó cambiar la cantidad de gobiernos locales que estaban al frente del gobierno central, pero las manifestaciones en contra lo impidieron. Sin embargo, la política económica del gobierno de Indira Gandhi comenzó a dar buenos resultados, aumentó la renta nacional, había posibilidades de reducir la importación de cereales y descendió ligeramente la natalidad. Aunque el grupo conservador que había dentro del partido no estaba por la labor, la primera ministra consiguió que el sucesor de Zakir Hussein como jefe de Estado fuera su candidato. Se adelantaron las elecciones legislativas en marzo de 1971 e Indira Gandhi obtuvo mayoría absoluta. Fue en esa fecha cuando tuvo lugar el proceso de secesión de lo que se conocía como Pakistán Oriental. Estaba rodeado al Norte, Este y Oeste por territorio indio y quería separarse del resto de Pakistán. Lo consiguió gracias a la intervención del ejército indio y nació Bangla Desh, un Estado independiente. La India derrotó a Pakistán, era la tercera guerra que se libraba desde la independencia con Pakistán, lo que reforzó al Partido del Congreso e impulsó a Indira Gandhi. A pesar del hambre, el paro, los levantamientos e insurrecciones, el descontento de los partidos de izquierdas que exigían una nacionalización de todos los recursos del país, y de derechas que pedían una dictadura que acabara con los riesgos de anarquía y separatismo, la primera ministra siguió en el poder. Es más, en 1974 el gobierno anunció una explosión nuclear, algo que se contraponía con la situación de pobreza en la que vivía la mayoría del país, pero que colocaba a la India en el sexto lugar de las potencias nucleares del mundo. Con esto, la ministra consiguió la aprobación de todas las fuerzas políticas.

En el 1971 la primera ministra fue acusada de fraude electoral por lo que fue suspendida de cargos públicos durante cinco años. El Partido del Congreso entró en crisis. El Tribunal Supremo de la Unión India, debía ratificar la sentencia anterior y sin embargo únicamente le privó del voto en el Parlamento, pero no la suspendió en el ejercicio de su cargo hasta que no fuera considerada la apelación. Lo que se le achacaba a Gandhi era por un lado, exceso de poder concedido a su hijo Sanjay Gandhi, y por otro las dificultades económicas agravadas por el precio del petróleo. A esto Indira Gandhi respondió declarando un estado de urgencia, el objetivo era gobernar con plenos poderes y reprimir a la oposición, entre otras libertades suprimía la de prensa.

En 1977 la primera ministra, decretó el fin del estado de emergencia y convocó nuevas elecciones. Fue derrotada, por primera vez en 30 años no salió elegido el Partido del Congreso. La mayoría recayó en una coalición de partidos de la oposición y Moraji Desai de 81 años fue el encargado de formar gobierno. Levantó el estado de urgencia y restableció las libertades individuales y colectivas. Indira Gandhi fue encarcelada y puesta en libertad a los pocos días debido a las manifestaciones de protesta. La política de la coalición no era coherente y tras dimitir varios dirigentes se convocaron de nuevo elecciones generales en 1980 e Indira Gandhi regresó como primera ministra de la India.

En 1983 se celebró en la capital de la India la Cumbre del Movimiento de Países No Alineados. Se reunieron más de setenta jefes de Estado para discutir la propuesta de la primera ministra de la India que se basaba en mantener el bloque equidistante de las dos grandes potencias. Fue elegida presidenta del Movimiento en sustitución del jefe de Estado cubano, Fidel Castro. Durante esos días, la India fue la capital del mundo de los países que buscaban una tercera vía, Indira Gandhi, hija de uno de los creadores de ese movimiento, era quien lo presidía.

Indira Gandhi fue asesinada en octubre de 1984, en la escalera de su casa por sus propios guardaespaldas sijs. Meses antes, la primera ministra había ordenado asaltar el Templo Dorado. Un templo situado en la ciudad punjabí de Amritsar, el lugar más sagrado del sijismo. El motivo era el supuesto refugio de los jefes de la guerrilla que luchaban por la independencia de Punjab. Murieron 450 personas. Tras el asesinato de Indira, en Nueva Delhi donde residen numerosos sijs, hordas incontroladas les persiguieron, mataron e incendiaron, bajo la pasividad del gobierno. Hubo más de 3.000 muertos.

Rajiv Gandhi

Indira Gandhi tuvo dos hijos, Sanjay Gandhi y Rajiv Gandhi. Estaba previsto que Sanjay fuera el heredero sin embargo murió en un accidente de coche en el año 1980, fue entonces cuando Rajiv pasó a ocupar un lugar en la vida política, que hasta entonces no le había interesado (según cuenta su madre) y tomó las riendas del partido. Cuando murió su madre, ocupó el cargo de primer ministro entre 1984 y 1991, pero en ese último año también fue asesinado. Le pusieron una bomba oculta en una cesta de flores que le ofreció una suicida de los Tigres de la Liberación de la Tierra Tamil, la guerrilla que estaba enfrentada con el gobierno de Sri Lanka por la independencia del extremo norte de Ceilán, el Estado insular situado al sur de la India.

Entonces empezó a gobernar la coalición encabezada por el Partido del Pueblo nacionalista hindú, BJP o Baratilla Janata Party. Un partido conservador que ha estado dominado por la casta brahmán, la más alta integrada por antiguos sacerdotes y que despreció a aquéllos que estaban condenados a pertenecer a castas más bajas. A cargo del octogenario Atal Bihari Vajpayee, y con el lema, «India Brillante», este partido ha estado más de diez años en el poder. Ha sido en las elecciones de abril de 2004, cuando los Gandhi han recuperado la gloria perdida.

En 1998 algunos convencieron a la mujer del asesinado Rajiv, Sonia Gandhi para que se pusiera al frente del partido del Congreso. En las elecciones generales de abril-mayo de 2004, se alzó con la victoria, sin embargo sintió el deber de abandonar su cargo en la jefatura del gobierno. Quienes la conocen dicen que es un *animal político* igual que su abuela Indira Gandhi, sin embargo, Sonia Gandhi dio prioridad a su maternidad y renunció a su postulación.

Manmohan Singh

Finalmente sería Manmohan Sigh el nuevo primer ministro de la India, o como suele llamarlo la prensa el «Doctor Bueno» por sus credenciales académicas. Ya estuvo al frente del Ministerio de Finanzas entre 1991 y 1996 y se le atribuyó la derrota electoral del partido del Congreso en 1996. Pero dada su condición de tecnócrata, honesto y eficiente Sonia Gandhi lo colocó en la primera fila de su plantel de colaboradores en calidad de asesor, de ahí que fuera propuesto inmediatamente como candidato a primer ministro.

Singh, casado y con tres hijos, está en posesión de un nutrido elenco de premios y galardones en reconocimiento a sus méritos académicos y políticos, amén de una quincena de doctorados honoríficos otorgados por universidades indias, americanas y europeas. El nuevo primer ministro reiteró que iba a desarrollar una política macroeconómica responsable y a delimitar el marco de las privatizaciones. También se comprometió a impulsar la convivencia pacífica con Pakistán y se ha esforzado por alentar la impresión de que los años tenebrosos de las violencias sectarias han quedado atrás en la India.

Un pequeño retrato

Por todo lo contado hasta ahora se ha denominado a la India como la mayor democracia del mundo. Algunos hablan de cambios, de importantes reformas económicas, pero lo cierto es que el país continúa arrastrando la problemática de años atrás. En la mayoría de los hospitales la gente se muere de enfermedades que ya han desaparecido hace décadas en el mundo desarrollado. En cuanto al número de pobres, oficialmente, el gobierno reconoce en 2004 300 millones de personas que viven por debajo de la línea de la pobreza. La oposición y organizaciones humanitarias hablan de hasta 500 millones. Además, hay que tener en cuenta que los más optimistas consideran que unos 200 millones de personas pertenecen a lo que se podría llamar clase media. En conclusión, se podría decir que alrededor de 800 millones de personas viven en la India en unas condiciones que en cualquier otro lugar del mundo se considerarían de pobreza. En este terreno se ha hecho muy poco, según estadísticas oficiales el número de pobres ha seguido creciendo en el país a un ritmo de 10 millones cada año.

Nadie duda de la necesidad de estas reformas, lo que se plantea es cuánto tienen de verdad y su aplicación según la subjetiva importancia de quien las pone en marcha. Los contrastes siguen dominando el país. Oficialmente la reforma del sistema económico de la India empezó en 1991, hasta entonces el monopolio del Estado era absoluto. Hubo que dar ese salto ya que después del experimento de economía planificada al estilo socialista que había dirigido Indira Gandhi, el país se quedó en bancarrota. Como resultado de las recientes transformaciones, se apunta que en 2003 creció el promedio de la economía, se ha duplicado la reserva de divisas, han aumentado las exportaciones y ligeramente se ha reducido el desempleo. De nuevo, esto choca frontalmente con una grave situación social. Frente a los datos económicos, un informe de Naciones Unidas, informa de que la mitad de los niños de la India sufre malnutrición crónica. Los datos siempre parecen muy fríos y da la sensación de que le restan humanidad al asunto, porque cada una de esas cifras supone algo mucho más importante y trascendente como es una vida. La realidad es otra cosa. La gente no tiene cuarto de baño en sus casas, de ahí que caminando por las calles de cualquier ciudad se vea a los indios aliviar en público sus necesidades. Es cierto que, por ejemplo en Nueva Delhi y Bombay han surgido modernos edificios, algunos rascacielos, pero en sus puertas se hacinan los vagabundos. Los niños desnudos juegan entre montañas de basura, están acompañados por vacas, cerdos y cuervos. Todos están eligiendo la ración del día. En este desolador paisaje también se ven cruzar carros que transportan a familias enteras en busca de trabajo. Hacen su casa donde encuentran, y eso implica que su vivienda sea la calle. Permanecen a la intemperie, lavando su ropa, aseándose ellos mismos en las cloacas.

Por si esto nos pareciera poco, hay que hablar de otro grave problema: la corrupción azota el país como otra plaga más. Un delito que se extiende a todos los niveles: negocios, política y la propia policía. Quizá por todo esto y por lo que no se ha contado haya que relativizar los datos positivos de las reformas económicas. Algunos creen que habría que introducir cambios en esas reformas. ¿Cuál es la solución? Nadie parece tenerlo claro. Mientras, la India continúa su ciclo vital, continúa viviendo y continúa esperando.

Calcuta

Si la India es el segundo país más poblado del planeta con 1.050 millones de habitantes, Calcuta es la mayor ciudad del país y una de las más grandes del mundo, aquí se concentra una gran mayoría de esos 1.050 millones de personas. Durante años ha sido el lugar elegido por muchos inmigrantes en busca de un mundo mejor, el lugar que esperaban cumpliera algunas de sus necesidades y expectativas.

Quizá se pueda decir que el siglo XX haya sido el siglo del éxodo, principalmente las guerras, y el régimen político de algunos países han hecho que miles de personas emigraran de sus países en lo que se les antojaba un futuro mejor. Pero la India ha sufrido muchas y muy variadas situaciones que serían impensables en cualquier otro país: catástrofes naturales, guerras religiosas y políticas, y un clima a prueba de los más fuertes. Calcuta ha sido una de esas ciudades donde han ido llegando oleadas de inmigrantes por diferentes motivos. En 1937 un terremoto en el estado de Bihar ocasionó centenas de millares de muertos, pueblos enteros se dirigieron a Calcuta. En el año 1943, como consecuencia de la II Guerra Mundial el hambre azotó a millones de personas. Sólo en Bengala murieron tres millones y medio, centenares de refugiados se vieron obligados a desplazarse. Cuando se produjo la independencia de la India en 1947, y por consiguiente la correspondiente partición, unos cuatro millones de musulmanes e hindúes fueron expulsados de Bihar y Pakistán oriental, de manera que su única alternativa fu emigrar a Calcuta. Después de esto, nuevos conflictos acecharon a la población, en 1962 con China y en 1965 la guerra contra Pakistán, añadieron centenares de millares de refugiados a los que ya había. En ese mismo año un ciclón capaz de arrasar Nueva York y una sequía de nuevo en Bihar provocaron que una vez más comunidades enteras pensaran en Calcuta. En la segunda mitad del siglo XX diez o doce millones de campesinos bengalíes sufrirían lo que algunos economistas han llamado «ciclo de la miseria», un descenso en la escala social que finalmente le obligaría a exiliarse. Eran otros tantos millones de personas que en Calcuta esperaban encontrar trabajo. En los años sesenta, a pesar de que el declive ya se había iniciado, Calcuta era aún una de las ciudades más activas y prósperas del tercer mundo, por su situación geográfica era una de las regiones más fértiles del planeta, pero también de las más desfavorecidas. De ahí el espejismo que producía la ciudad, de ahí que la gente volcara en ella sus esperanzas, de ahí también el fracaso y la frustración.

La gente anhelaba un empleo, un modo de ganarse la vida, y pensaban que tendrían cabida en algunas de las industrias y comercios de la ciudad. Acudían hombres solos, casados, muchos no podían traer a sus familias porque no había viviendas suficientes. Por eso en el censo de 1971 los varones superaran en 700.000 a las mujeres.

Como nudo de comunicaciones, Calcuta tiene el puerto sobre el río Hoogly cruzado por dos puentes y dos estaciones de ferrocarril por las que conecta con todo el país y con Bangla Desh, también posee un aeropuerto internacional. Una de las estaciones de ferrocarril donde las Misioneras de la Caridad desarrollaron una importante labor fue en Howrath. En sus alrededores se formaron nudos de miseria y pobreza.

Calcuta es un ir y venir de gente. Gente que camina, gente que vive en las calles, gente que mendiga, vendedores ambulantes, leprosos, taxis, motocicletas, bicicletas y camiones. Uno de los puentes del río Hoogly, el que llegaba a Howrath era el más concurrido de la ciudad, todos los días lo cruzaban millones de personas y vehículos.

Con tales oleadas de inmigración, los suburbios de la ciudad se superpoblaron de gente y por otro lado ya estaban muy degradados. Los suburbios son las zonas más deprimidas de Calcuta. Faltan viviendas porque apenas hay suelo edificable, y la abundancia de acumulaciones de agua en las desembocaduras de los ríos obliga a operaciones de desecación muy costosas. La mayoría de las casas son bajas y están tan ocupadas que en algunas viven hasta cuatro generaciones de familias, y ésos son los más afortunados porque no residen en la calle. Las condiciones higiénicas son realmente precarias. Se pretende seguir con el plan de edificación masiva, pero, a pesar de esto, millares de personas residen diariamente en las aceras. Los monzones, que ocupan casi toda la estación lluviosa de junio a septiembre, y el calor agravan aún más esta situación. De alguna manera Calcuta es una muestra, una representación del mundo indio, donde la Madre Teresa empezó su obra con ayuda de las Misioneras de la Caridad.

PARTE I.   INFANCIA
I.   LA VOCACIÓN

1.1.   Su niñez. La importancia de la familia

Su familia, sobre todo su madre, inculcó a la Madre Teresa muchos de los valores que iría poniendo en práctica a lo largo de su vida. (A pesar de que la Madre era tremendamente reacia a hablar de su vida personal, Navin Chawla consiguió conversar con gente que la conoció a edades muy tempranas y pudo profundizar un poco más en este aspecto de su vida; eso sí, siempre con su consentimiento. Ella siempre decía *Yo no soy importante. Escribe acerca de mi obra).*

Nació el 26 de agosto de 1910 en Skopje, Yugoslavia. Al día siguiente fue bautizada con el nombre de Agnes, aunque en realidad la llamaban Gonxha que significa «capullo de flor» en albanés, su lengua de origen. Aga era la mayor de tres hermanos, después iba Lazar y por último Agnes. Su padre se llamaba Nicholas Bojaxhiu, un importante contratista inmobiliario que además tenía un puesto de concejal en el Ayuntamiento y tocaba en la banda municipal. Era un hombre culto que hablaba varios idiomas: serbocroata, turco y albanés; la Madre Teresa se refería a él como un hombre que siempre estuvo a disposición de la caridad y que nunca dio de lado a los pobres. Sin embargo, quien realmente fue decisiva en su vida fue su madre. Aquella mujer de origen italiano, Dranafile Bernai, tenía un importante sentido religioso, pero nada convencional, que le trasmitió a sus tres hijos y que le llegó de manera especial a Gonxha, la Madre Teresa. Drana poseía una fe práctica, de manera que su puerta siempre estaba abierta para aquéllos que lo necesitaban; la Madre Teresa decía que era ella quien realmente les había enseñado a amar a Dios y al prójimo. Una mujer que educó a sus hijos en el amor a los demás y a Dios y que se esforzaba para que siempre estuvieran unidos, algo que conseguirían a través de Jesús. Así lo sentiría la Madre Teresa con el paso de los años, porque siempre que hablaba de su infancia en el seno de su madre, recordaba que habían sido una familia feliz y sobre todo muy unida, esta idea la repetiría con frecuencia en diversas ocasiones. Para ella, su madre era una «mujer santa» y llegó a definirla como tal en alguna ocasión. A lo largo de la vida de la Madre Teresa, las referencias y frases hacia su madre han sido continuas; en momentos de incertidumbre sobre su vocación, su madre fue determinante. Los tres niños la llamaban Nana Loke, «la madre de mi alma». Drana era una mujer con mucho coraje (calificativo merecido especialmente por la época de la que estamos hablando) y lo demostraría en uno de los mayores reveses que le dio la vida. Tras una reunión de carácter político en Belgrado, Nicholas regresaba a Skopje a bordo de una ambulancia con fuertes dolores estomacales; le intervinieron de urgencia pero finalmente murió en la mesa de operaciones. Así fue como Drana Bernaj se quedó viuda con tres niños a los que ella sola tendría que sacar adelante. Aga tenía quince años, Lazar doce y Gonxha nueve. Los primeros meses fueron de tremenda conmoción, pero una vez pasado el golpe inicial comprendió que tenía que salir del bache porque sus hijos la necesitaban. A la difícil situación personal se unió la precaria situación económica: el socio de su marido se había quedado con el almacén tras una dudosa liquidación. Pero Drana no se achicó ante estas dolorosas circunstancias y emprendió un pequeño negocio vendiendo telas bordadas a mano, algo que seguro pudo ser un ejemplo para la Madre Teresa sobre cómo enfrentarse a la tragedia y a lo inesperado. Además no descuidó la generosidad, que siempre la había caracterizado hacia los pobres que continuaron llamando a su puerta tal y como lo habían hecho en la época en la que vivía su marido. Tanto su marido como ella se preocuparon en todo momento y circunstancias de los más necesitados.

Igual que sus hermanos, Gonxha acudió al instituto estatal, era de inspiración laica debido a la pluralidad de religiones que existía entre la población de Skopje. Esta pluralidad consistía en una mayoría cristiano-ortodoxa y un porcentaje más reducido de católico-romanos, musulmanes y judíos. Seguramente fue una vivencia que también le influiría en su concepción tolerante de la diversidad de religiones. Aunque la Madre Teresa recibiría la formación religiosa sobre todo en casa, desde que murió su padre la familia se refugió cada vez más en la fe, en concreto en la iglesia del Sagrado Corazón. Ya veremos más adelante la importancia de este lugar y lo determinante que fue para el futuro de esta santa.

1.2. Primera llamada. Alegría y vocación

Con apenas 12 años, la Madre Teresa sintió su primer deseo de ser monja, entonces era muy joven y ni su madre ni ella misma profundizaron más en este hecho. Sin embargo Agnes estuvo reflexionando a través de la oración los seis años que prosiguieron a este primer destello de vocación, y es que nadie pudo evitar que esta muchachita de ideas claras y sólidas siguiera un camino casi prefijado.

Antes dijimos que tras la muerte de su padre, Agnes y su madre comenzaron a visitar muy a menudo la iglesia del Sagrado Corazón. La familia empezó a participar en múltiples actividades y esta iglesia sería el primer eslabón de esa gran cadena que acabaría siendo su proyecto de vida.

El cura de la parroquia había creado en 1925 la sucursal de una sociedad llamada la Hermandad de la Bendita Virgen María (hermandad que por cierto también sería fundamental en su vida). En esta hermandad fue aprendiendo muchas cosas, pero lo más importante es que conoció una historia que le marcó profundamente hasta el punto de condicionar su vida: era la historia de los misioneros jesuitas yugoslavos que en el 1924 se fueron de misión a la India, en la provincia de Bengala. Aquello se le quedaría grabado; fue su primer contacto con la India, con su belleza y con los niños. Los misioneros que allí estaban enviaban una relación de los trabajos que estaban desempeñando, y al detallar lo que hacían por esos niños Agnes sentía una conmoción especial. Por aquel entonces se enteró también de que en Bengala, donde estaban los misioneros jesuitas, había unas monjas cuya actividad principal era puramente educacional; estas monjas no eran otras que las de la Orden Internacional de Loreto. Una vez más estas monjas serían cruciales en su vida. De manera que la iglesia del Sagrado Corazón le puso en contacto con la Hermandad de la Bendita Virgen

María y ésta a su vez con los misioneros yugoslavos en Bengala y sobre todo con las monjas de Loreto, también en Bengala. El contacto era sólo de oídas pero le dejó una huella imborrable, tanto que poco a poco, sin apenas darse cuenta, fue entrando en contacto con referencias decisivas que fueron desarrollando el camino que luego elegiría. Sin saberlo alguien estaba tejiendo su futuro.

Toda esa información fue penetrando en aquella niña a su ritmo, lenta pero profundamente, dejando un poso cada vez más fuerte. Después de seis años bastante intensos, la Madre Teresa recibió una «llamada». Los hechos ocurrieron en un santuario cercano a Skopje, a los pies de Nuestra Señora de Letnice. Cuenta la propia Madre que estaba rezando con una vela encendida entre las manos cuando escuchó por primera vez una llamada divina que le impulsaba a servir a Dios; una «llamada» que consistía en ser misionera. En seguida habló con las personas que consideraba más importantes en su vida ya que necesitaba compartir lo ocurrido y recibir su opinión. Primero acudió a ver al párroco de la iglesia del Sagrado Corazón, deseaba consultarle si había recibido de verdad la «llamada», cómo podía identificarlo y, sobre todo, cómo podía resolverlo. El párroco le habló sin dudarlo: para saber si era vocación tenía que estar acompañada de una inmensa alegría. Fue en ese momento cuando Agnes lo tuvo claro y se lo comunicó inmediatamente a su madre; esta vez su mamá Drana sabía que iba en serio. Se retiró a su habitación durante 24 horas, y cuando salió estaba decidida a apoyar a su hija en una decisión tan importante: *Pon tu mano en Su mano, y haz todo el camino con Él,* fue lo que le dijo.

Con dieciocho años, la Madre Teresa dejó lo que más quería, su familia, para dedicar su vida a Dios y a lo que sería el pilar de su doctrina: servir a los más pobres. Agnes quería ir a la India, en concreto a Bengala, a aquel lugar del que llevaba tantos años oyendo hablar donde sentía y sabía que había mucho por hacer. Solicitó entrar en la Orden de Loreto que tenía sede allí, pero primero debía aprender inglés. Así que antes que nada la enviaron a Irlanda, a Rathfarman, donde estaba Loreto Abbey y poder cumplir con este requisito. El 26 de septiembre de 1928 la Madre inició su viaje; fue la última vez que vio a su madre, hermanos, amigos y seres queridos. Seguir su vocación supuso un gran sacrificio, el primer gran

34

acto de amor de los muchos que haría por Jesús en su provechosa vida.

Durante este viaje realizó numerosas paradas: Austria, Suiza y Francia. Atravesó el Canal de la Mancha hasta Londres desde donde llegó a Rathfarnham, cerca de Dublín, por medio del tren y el barco. En el trayecto conoció a otra joven de procedencia yugoslava, Betika Kajnc, que también quería ser misionera y, entre las casualidades, su vida guardaba cierto parecido con la de Gonxha. Al ser Francia una de las paradas, aprovecharon para dirigirse a Auteuil, cerca de París, para realizar un examen de aptitud. Por lo que dejó escrito la superiora del convento que las Hermanas de Loreto tenían en Auteuil, los resultados de la prueba fueron satisfactorios.

Hay que decir que las Hermanas de Nuestra Señora de Loreto es la denominación oficial de la rama irlandesa de una congregación femenina fundada en 1609 por la inglesa Mary Ward. Popularmente se las conoce como «Damas Irlandesa». La congregación fue para la época tan revolucionaria, incomprendida y hasta perseguida como en su momento le ocurrió a la Compañía de Jesús fundada por el español San Ignacio de Loyola. Mary Ward adoptó las reglas de vida, espiritualidad y misión de esta congregación, de ahí que muchos denominaran «jesuitinas» a estas hermanas, es más a ella le hubiera gustado que su congregación se hubiera llamado también Compañía de Jesús.

La Madre Teresa estuvo dos meses en Rathfarman, en la residencia irlandesa de las Hermanas de Loreto. Allí aprendió inglés tal como estaba previsto y se familiarizó con las características de la orden. De ambas cosas se ocupó una religiosa ya anciana, la madre Irwin, que pasó media vida como misionera en la India. A partir de entonces, no cesaría su aprendizaje y el inglés se convertiría en su segundo idioma. En noviembre de 1928 la Madre Teresa salió hacia la India y tardó siete semanas en llegar a Calcuta. En la India estuvo muy poquitos días porque el 16 de enero de 1929 hizo un viaje en tren hacia el noviciado de Loreto en Darjeeling; una zona de montaña a 640 km al norte de Calcuta.

El 24 de mayo comenzó el noviciado que duraría dos años. En Darjeeling las Hermanas de Nuestra Señora de Loreto tenían una casa de espiritualidad donde la Madre Teresa siguió estudiando inglés. Además les exigían aprender una lengua india, así que optó por estudiar el bengalí, al tiempo que aprendió un poco de hindi.

La Congregación de Loreto en Darjeeling era una de las escuelas a las que acudían niños hindúes adinerados así como niños británicos, ya que durante mucho tiempo fue una zona de moda (en concreto, Darjeeling era el retiro veraniego de la gente con posibilidades de principios del siglo XX). Como la labor de estas monjas era sobre todo educacional, durante dos horas al día daban clases a niños pobres, una actividad que tenía más que ver con su verdadero trabajo.

Una vez terminado el noviciado, llegó el momento de los primeros votos: obediencia, pobreza y castidad. Los tomó el 25 de mayo de 1931 y, puesto que la regla le imponía cambiar de nombre, eligió llamarse Teresa, en honor a una monja francesa llamada Térèse Martin. Esta monja fue canonizada por el Vaticano en 1927 con el nombre de Santa Teresa de Lisieux, por cierto, nombre por el cual hoy se la conoce. Hija menor de un relojero francés, Teresa de Lisieux ingresó en las carmelitas en 1888 con tan sólo quince años. Debido a una enfermedad no pudo ser misionera, por eso se dedicó a cultivar su espiritualidad mediante la oración, el sacrificio y la generosidad. Murió de tuberculosis cuando contaba sólo 24 años (la Madre Teresa también la contrajo), y que dedicara su corta vida a la oración fue una de las cosas más importantes para religiosos y religiosas como la Madre Teresa. A la Madre le gustaban los santos más sencillos, aunque reconocía que grandes santos habían guiado el camino de muchas personas. Para ella, Teresa de Lisieux o Teresita del Niño Jesús, como también se la conocía, fue una religiosa que *realizó cosas ordinarias con un amor extraordinario*. En relación al episodio del nombre, se sumó un hecho curioso: otra de las monjas del convento también había decidido llamarse Marie-Thérèse, de manera que Agnes tuvo que ingeniárselas para encontrar un nombre que las diferenciara y ésa fue la verdadera razón de que empezara a escribir su nombre en español, *Teresa*. Muchos pensaban entonces, y quizá siga hoy esta confusión, que el nombre de Teresa era en referencia a la gran Teresa de Jesús, la monja carmelita de Ávila. Pero la Madre Teresa siempre explicaba que adoptó el nombre de Teresa no a favor de la grande, sino en honor a la pequeña, la de Lisieux. De cualquier manera, este asunto se resolvió en seguida porque la Madre se ganó a conciencia un nuevo nom-

36

bre: dominaba tan bien la lengua bengalí que todos comenzaron a llamarla «La Teresa Bengalí».

Profesados los primeros votos, acaba su etapa de noviciado y empieza otra nueva. La trasladaron a un suburbio de Calcuta, Entally, para enseñar en el colegio Saint Mary que a su vez pertenecía a la congregación de Loreto. En aquella época se trataba del único colegio católico para chicas que había en Calcuta.

Al convento de Loreto en Entally iban niños huérfanos de todas las clases, aunque en su mayoría eran los niños de la clase media. (En 1996 había unos 300 internos, de los cuales la mayoría eran niños sin hogar o huérfanos. Otros 300 eran niños de familias bengalíes de clase media que iban a la escuela. Y otros 200 eran niños pobres a los que las monjas educaban en bengalí). En el colegio de Loreto en Entally la Madre Teresa enseñó geografía, historia y catecismo, la geografía era su especialidad. Dos cosas le gustaron siempre más que cualquier otra actividad a la Madre Teresa: los niños y enseñar; y eso era lo que hacía en Entally precisamente. A sus clases asistían multitud de niños porque era divertida y muy buena profesora. Enseñar, si se ejercía por Dios, suponía para la Madre Teresa una manera de hacer un bonito apostolado.

Cada 25 de mayo, durante cinco años consecutivos se encargó de renovar los votos. En 1935 ya lo hizo por dos años y el 25 de mayo de 1937 recibió los votos perpetuos en Darjeeling, entonces volvió al colegio de Saint Mary como superiora. En esos momentos ya se la conocía como la Madre Teresa.

En la época en que fue directora del convento, la Madre Teresa organizó un grupo para ofrecer ayuda a los pobres. La idea era ofrecer una ayuda práctica y para eso se estableció un día: después de meditarlo, los sábados por la tarde era la mejor opción, cuando hubiera terminado la escuela. Ya entonces, también comenzó a proponer a las alumnas mayores de Saint Mary que fueran a los hospitales para asistir a los más necesitados y a los barrios de chabolas para enseñar a los niños más pobres.

Inesperadamente la vida en Entally se vio sacudida por los duros acontecimientos históricos. De 1939 a 1942 tuvo lugar la Segunda Guerra Mundial donde la India se vio muy implicada y se declaró colonia del Imperio Británico. El complejo de Loreto en

Entally se convirtió en un hospital militar provisional y el colegio de Saint Mary se trasladó a un edificio en Convent Road. Era 1942 y la Madre Teresa se encontraba por primera vez con doscientos niños a los que tenía que alimentar.

En total, estuvo diecisiete años en Entally y fue un periodo crucial en su vida. Los seis primeros años ejerció de profesora, a partir de 1937 la designaron directora del colegio. En Entally fue muy feliz, por eso le costaría mucho abandonarlo. Tiempo después reconocería: *En mi corazón, yo soy Loreto.*

Aquéllos que convivieron con la Madre Teresa durante su época en Saint Mary dicen que no imaginaron a dónde llegaría ni cuál sería el alcance de su obra, siempre la vieron como una monja más de la congregación. Quizá ella misma tampoco lo imaginaba, sólo fue dejándose llevar, siguiendo el camino que ÉL le iba trazando. Su propio confesor, el padre Van Exem, también coincidía en que por aquel entonces era una religiosa normal, aunque destacaba de ella su gran amor por Jesús.

Precisamente, en esa época ya se apreciaban rasgos de su comportamiento que serían fundamentales a lo largo de su vida. Cosas sencillas y precisamente por eso las más difíciles de conservar y de defender. Cosas como el respeto por los demás (ya en el colegio, como profesora, nunca obligó a nadie a hacer algo que no quisiera). La libertad de prejuicios (nunca quiso juzgar a los demás, su lema era ESTAR). Y al mismo tiempo, no tenía pelos en la lengua para denunciar cuando las cosas iban mal. Sobre todo, había algo que ya resaltaba: era una persona desinteresada capaz de hacer cualquier cosa por amor. Éstos y algunos otros, eran aspectos que ya formaban parte de su sólida personalidad durante su estancia en Entally y que fue poniendo cada vez más en práctica al tiempo que fue ejerciendo lo que ella llamaba el *verdadero trabajo*: el servicio a los pobres, hasta que se convirtieron en los pilares de su doctrina y su filosofía de vida.

1.3. Segunda llamada. Ser pobre entre los pobres

La Madre Teresa era tremendamente feliz en Loreto, su vida allí transcurría tal como lo había imaginado. Sin embargo algo inesperado le hizo renunciar de nuevo a todo lo que tenía. *Fue un mandato interno lo que me llevó a servir a los pobres en las calles,* así lo manifestó en más de una ocasión.

El 10 de agosto de 1946 se dirigía a hacer su retiro (antes de comenzar el nuevo curso tenían que hacer ejercicios espirituales durante ocho días) en Darjeeling, cuando recibió la *2ª Llamada. Fue una orden. Debía abandonar el convento. Sentí que Dios quería algo más de mí. Quería que yo fuera pobre y que le quisiera con el angustioso aspecto de los más pobres entre los pobres.* Era un mandato y lo recibió en ese viaje.

La Madre Teresa no tuvo ninguna duda. El mensaje estaba muy claro. Sabía lo que Dios le pedía y sabía lo que ella tenía que hacer: poner en práctica su fe y estirar al máximo su vocación; lo que no veía con la misma claridad era cómo llevarlo a cabo. Sin embargo, no era lo que más le preocupaba, confiaba plenamente en Dios. Al poco tiempo ya pudo constatar que El Señor nunca la abandonaría.

Hasta entonces, su ideal había sido trabajar con los pobres pero a través del convento de Loreto. Es cierto que conocía la pobreza de Calcuta, especialmente la ocasionada por el Gran Hambre, pero nunca se le pasó por la cabeza dejar el convento, pensaba realizar su labor como monja desde allí. En realidad no se había planteado dejar el convento porque todavía no había recibido la «llamada». Cuando la Madre Teresa se refería a este hecho hablaba de una *Llamada dentro de la Llamada,* como si se tratara de una segunda vocación.

Su vida cambiaría radicalmente en muchas cosas, no en lo que ella consideraba la esencia, su amor infinito a Cristo, cambiaría la forma, las cosas externas. Como ella misma dijo, *la única cosa que tuve que cambiar fue la modalidad de trabajo,* pero su amor por Cristo, donde residía su verdadera vocación, se hizo más profundo a través de aquel sacrificio (porque a pesar de esta clarividencia, ya hemos apuntado que abandonar Loreto le supuso un profundo sacrificio). Ella misma admitió que abandonar Loreto fue más duro que el hecho de meterse a monja y dejar a su familia.

PARTE II. ADOLESCENCIA
II. LA OBRA

2.1. Poner en marcha la llamada. Una tarea difícil siendo mujer

La Madre Teresa tenía claro el «Mensaje» y lo que debía hacer, sin embargo, no bastaba sólo con eso para comenzar. Fue el inicio de una tarea ardua, porque no resultó nada fácil que esta monja incansable pudiera poner en marcha su misión. Desde que sintió la llamada, el 10 de agosto de 1946, hasta que obtuvo un primer permiso, por cierto provisional, para actuar de manera experimental el 16 de agosto de 1948, pasaron dos años realmente difíciles. Necesitaba permisos, autorizaciones y muchos beneplácitos. Era una mujer sola, europea y en la India. Un país donde este tipo de iniciativas eran peor vistas que en otros países de mayor tradición católica. A esto hay que añadir, que racional y objetivamente, nadie pensaba que tal y como estaba la India y en especial Calcuta, una monja extranjera, sin una rupia en el bolsillo y sin respaldo económico, pudiera hacer algo por los pobres. Sin embargo a todo el mundo se le olvidó que disponía de lo fundamental, una fe inquebrantable, amor sin límites, capacidad de trabajo imparable y unas ganas desmedidas. Agnes, la Teresa Bengalí o la Madre Teresa, empezaba a romper moldes.

Lo primero que hizo la Madre Teresa fue acudir al padre Celeste Van Exem, el que entonces era su director espiritual. Le enseñó dos hojas donde había escrito el «Mensaje» y el padre Van Exem tampoco tuvo ninguna duda; de hecho, fue una de las personas que estuvo a su lado en todo momento y le ayudó a conseguir su propósito.

En primer término, para trabajar directamente con los pobres, necesitaba un permiso del Vaticano; era una monja que había tomado los votos y debía obtener el permiso de exclaustración. La

Madre Teresa siempre fue fiel al voto de obediencia, y en este proceso quedó más reflejado que nunca. Pese a la necesidad imperiosa que sentía de poner en práctica su vocación, acató las órdenes de lo que le aconsejaban o dictaban sus superiores; un ejemplo de paciencia y fe en Dios. Pero no era el único permiso imprescindible que debía obtener, además del Vaticano, le requerían el permiso de la madre general dirigente de la orden de Loreto, en Rathfarman.

El padre Van Exem consideró que lo mejor era tratar el tema con el arzobispo de Calcuta (el arzobispo Perier) cuando fuera el momento más apropiado. Sin embargo, cuando el padre Van Exem abordó este tema con el arzobispo Perier se encontró con una respuesta que no esperaba. Se había imaginado que el arzobispo de Calcuta lo entendería al instante y no fue así. Lo cierto es que era la primera vez que se planteaba un tema de esta envergadura y el arzobispo se quedó muy sorprendido. El que una mujer sola, europea y monja anduviera por las calles de Calcuta le preocupaba por muchos aspectos (por citar alguno, estaban viviendo momentos especialmente cruentos, momentos de lucha y de cambio). De todas maneras, el arzobispo no rehuyó el tema. Quizá no pudo rehuirlo porque vio que tenía una base muy seria, así que decidió investigar sobre la posibilidad de que una monja sencilla pudiera erigir una congregación cuyo núcleo sería el trabajo con los pobres en la calle. Nunca dio el nombre de la Madre Teresa a los entendidos que consultaba acerca de este asunto, y aunque no estaba muy seguro de los resultados que iban dando sus indagaciones, siguió adelante con su particular proceso de investigación. Inició un viaje por Europa para consultar a otras personalidades entre las que había expertos en derecho canónigo sobre monacato femenino. La Madre Teresa mientras tanto tendría que esperar y fue trasladada a una ciudad al norte de Calcuta, Asanol. Allí estuvo un año entero, justamente el año que se fraguó la independencia de la India (1947).

Después de meses de consultas y mucha meditación, prevaleció el poderoso argumento que defendía la Madre Teresa. Se trataba de un proyecto que deseaba hacer por expresa voluntad de Dios, ni más ni menos, por eso, terminando el año 1947, el arzobispo Perier le dejó iniciar los trámites requeridos para poner en práctica la «llamada». Lo primero era escribir una carta a la madre general de Loreto en

Rathfarman para que la orden la dejara en libertad. A esto, el padre Perier le puso una única condición: tenía que enseñarle previamente la carta, y así ocurrió sólo que cuando vio que en ella aparecía la palabra *exclaustración* (ya que la Madre Teresa solicitaba quedar exenta de exclaustración) el arzobispo Perier le pidió que cambiara ese término y que en su lugar pusiera la palabra *secularización*. Este hecho, en apariencia carente de importancia, era muy relevante para la Madre Teresa. La secularización suponía ser una mujer laica y eso no era lo que ella quería, por contra retiró la palabra *exclaustración* a pesar de todo, aun sin estar de acuerdo. Siendo posiblemente uno de los momentos más difíciles de su vida, donde estaba en juego que se cumpliera lo que más deseaba, ejerció una vez más, y más que nunca, el voto de obediencia. Parece algo puramente anecdótico, pero es una muestra muy clara de la diferencias de matices entre el padre Perier y la Madre Teresa, también es al mismo tiempo un reflejo del intento de estas dos personas por conseguir el mismo fin; el padre Perier, eso sí, con más prudencia, recelo, o con más miedo.

La madre general de Loreto dio su consentimiento y le permitió tramitar el siguiente paso: escribir a Roma. Pese a que podía haberlo hecho por su cuenta, de nuevo le confió al padre Perier el envío de la carta a Roma. Pasó mucho tiempo hasta que obtuvieron una respuesta, por fin, en julio de 1948, llegó el decreto del Vaticano. La aprobación de la Santa Sede daba derecho de legitimidad eclesiástica a cualquier grupo de hombres o mujeres que comenzaban a vivir en común para llevar a cabo una congregación religiosa. Cabe destacar cuáles fueron las palabras que aparecían en dicha notificación, porque ¡a la Madre Teresa le habían concedido la *exclaustración*!, de esta manera continuaba siendo monja pero con una salvedad muy significativa, que es lo que ella perseguía, la exclaustración le permitía trabajar en la calle. Pero había algo más, para crear su propia congregación y un método personal de trabajo, debía cumplir otros requisitos como suponía el pasar un periodo de prueba. Durante un año estaría fuera del claustro, en ese tiempo el arzobispo Perier reflexionaría sobre si la Madre Teresa regresaba a Loreto o si por el contrario la obra debía seguir adelante.

Cuando la Madre Teresa se enteró de la respuesta, su primera reacción fue pedir permiso para acudir a los barrios bajos, deseaba ir en ese mismo instante pero el padre Van Exem consideró más oportuno finalizar todos los requisitos, como reunir algunas firmas que aún quedaban pendientes.

Sus dificultades para poner en práctica la «llamada» por ser mujer y estar sola continuaron tiempo después de que el padre Perier le diera el beneplácito por un año. De hecho, cuando comenzó su trabajo en Motijhil hubo algunos sacerdotes que se sintieron incómodos; es probable que su manera de trabajar no se ajustara a los cánones a los que ellos estaban acostumbrados y eso les pudiera perturbar. Aunque desde Loreto, donde estaba su corazón, le pidieron que regresara, ella se mantuvo firme en su decisión, por encima de todo sentía que Dios quería que continuara su obra. Y así lo hizo, no quiso regresar al lugar donde había sido tan feliz, para evitar la tentación intentó no volver a Loreto.

El proyecto de la Madre Teresa fue un tema que se guardó en secreto desde un primer momento, sobre todo durante los preparativos, pero en cuanto se supo oficialmente la noticia se empezó a propagar a gran velocidad. Fue incontrolable, todo el mundo estaba sorprendido, la noticia había generado interés, por lo que sólo se pidió una cosa: a todas las instituciones de Loreto en la India les llegó una carta donde se pedía que ni la criticaran ni la alabaran, sino que rezaran por ella.

La Madre Teresa cambiaría también su manera de vestir. A partir de entonces su indumentaria sería: un sari blanco con los bordes azules, una pequeña cruz y un rosario. Un sari que sería para siempre el nuevo hábito religioso de la Madre Teresa, por eso le pidió al padre Van Exem que se lo bendijera. Seguro que entonces no imaginaba que actualmente ese sari es hoy un símbolo de las Misioneras de la Caridad.

2.2. Los preparativos

Para trabajar en los barrios de chabolas, el padre Van Exem sabía que la Madre Teresa necesitaría una formación médica. Era importante que estuviera capacitada para curar a los niños enfermos, que tuviera unas nociones básicas para las ocasiones que requirieran entrar en las casas de los pobres, una recomendación que por cierto ella aceptó de muy buen agrado ya que era un tema que le encantaba. El lugar elegido para este aprendizaje fue la Misión Médica en Patna, Bihar, el Estado vecino, donde estaban las Hermanas Misioneras Médicas de la Sagrada Familia.

Así fue como la Madre Teresa realizó sus primeras prácticas de enfermería y trabajó en clínicas y hospitales. Dicen las hermanas que la Madre se comportó como una alumna ejemplar, *parecía estar en todas las partes al mismo tiempo*. Contaban que todo lo que allí le enseñaban le interesaba muchísimo y sabía que le sería muy útil, de ahí que pusiera el máximo empeño y entusiasmo en cada cosa que hacía.

Además, con las hermanas pudo tratar un tema que después le sería de vital importancia. Las monjas de Patna, en particular la Madre Dengel, consiguieron convencerla de lo importante y necesario que era, que tanto ella como las demás monjas, se cuidaran. Si se iban a dedicar a los demás era crucial que se encontraran sanas y con fuerzas. Para eso, entre otras cosas, no podían comer lo mismo que los pobres, cuya comida consistía en arroz blanco con un poco de sal cuando lo tenían, como la Madre Teresa tenía pensado. Si se alimentaban al igual que los pobres, corrían el riesgo de contraer enfermedades como la tuberculosis y no podrían servir a los que les hacía tanta falta tal como era su misión. La Madre Teresa comprendió lo que las hermanas de Patna le intentaban decir, y modificó, siempre fiel a sus principios, algunos aspectos de los que tenía pensado fueran su modo de vida. Sobre todo modificó lo referente a los hábitos alimenticios, eso sí, se preocupó de que algo le quedara claro a las hermanas: la cantidad y variedad de alimentos que debían tomar no era por satisfacer sus sentidos sino para cuidar su salud y por consiguiente estar fuerte para los demás.

Estas fueron algunas de las recomendaciones de las hermanas de Patna que la Madre Teresa aplicó posteriormente a la congregación:

—Dieta nutritiva y equilibrada, aunque sencilla. Para no contraer las enfermedades que esperaban curar.

—Descanso adecuado. Tenían pensado levantarse antes de las 5 de la mañana y trabajar más de 8 horas. Para eso había que descansar un tiempo mínimo por las tardes. También era indispensable un día libre a la semana.

—Higiene personal. El trabajar en la calle, exigía aún más que en cualquier otra circunstancia el cumplimiento de una higiene disciplinada y estricta. Tendrían 3 saríes: dos para llevar a diario, uno serviría de repuesto cuando el otro se estuviera lavando, y un tercero para ocasiones especiales o emergencia.

—Protección de la cabeza al sol. Había que llevar la cabeza tapada porque en la India, un día cualquiera de verano, las temperaturas pueden alcanzar los 40 grados a la sombra.

La Madre Teresa estuvo finalmente cuatro meses en Patna. Allí hubo gente que se ofreció para ayudarla.

2.3. El verdadero trabajo. Sus inicios

Después de un corto retiro espiritual, la Madre Teresa se encontraba preparada para hacer su trabajo. El padre Van Exem intentó que el cambio no resultara demasiado brusco. Por eso, sugirió que el primer sitio de trabajo de la Madre fuera un barrio de clase media donde vivían muchos de los alumnos que había tenido en Loreto. Pero la Madre Teresa no quiso, su explicación fue que allí no estaba el *verdadero trabajo*. Cuenta el padre Van Exem que el 20 de diciembre de 1948, la Madre Teresa entró por primera vez en el barrio de chabolas de Motijhil. Un nombre que si lo traducimos literalmente significa «lago de perla», apelativo muy bonito que por el contrario no se correspondía con la realidad de aquel lugar, al menos tal como era entonces, porque en la actualidad ya no es un barrio de chabolas ya que dispone de electricidad, agua, alcantarillado y calles asfaltadas. Sin embargo, cuando la Madre llegó el aspecto era bien diferente: un pozo negro para beber y lavarse, y basura en la calle. No había ni asistencia médica ni educativa.

La Madre estuvo viviendo un tiempo en el Hogar de San José. El arzobispo pensó que el estar con las Hermanitas de los Pobres era la opción más apropiada para tener una primera residencia, ya que vivían casi por completo de la caridad tal y como tenía pensado hacer la Madre Teresa cuando llegara el momento. El hogar estaba en el 2 de Lower Circular Road, la calle donde tiempo después levantaría su sede central, pero a esto ya llegaremos más adelante.

Lo primero que hizo la Madre Teresa, en un lugar tan desasistido como era Motijhil, fue montar una escuela. No tenía un edificio, ni tampoco dinero para una simple tiza, pero eso le daba igual. Ese tipo de carencias no le suponían un problema, sobre todo porque no le iban a impedir conseguir sus propósitos. Tampoco le importaba que esta escuela improvisada estuviera lejos del Hogar de San José y tuviera que andar más de una hora (si hacía el camino andando) porque era algo habitual, una actividad que ya formaba parte de su rutina. Empezó a hablar con varias familias pobres que le prometieron enviar a sus hijos, y así fue como llegaron los primeros alumnos, los datos consultados nos dicen que el primer día no eran más de cinco. La mejor ubicación que encontraron para las clases fue debajo de un árbol que había cerca del pozo, ésa era su escuela y con un palo escribían en el suelo.

A Motijhil la Madre llegó sin dinero, no tenía nada. A pesar de esto, a la semana de estar allí consiguió 100 rupias. Se las dio un párroco de Park Circus y hay que decir que, para aquel entonces, era una cantidad a considerar. Tardó menos de 24 horas en alquilar dos habitaciones, una para la escuela y la otra para la clínica que también quería montar. Hasta que se acondicionaron dichas habitaciones, la escuela permaneció al aire libre y cada vez eran más los niños que deseaban ir a sus clases. El 28 de diciembre, una semana después de su llegada, ya recibían clase veintiún niños. Los pequeños se sentaban en el suelo, pero la Madre Teresa no permitía que estuvieran sucios, la limpieza era una de los aspectos que más le preocupaba, así que comenzaba las clases con una lección de higiene, y al que llegaba sin asear ella misma le daba un baño. Los niños se lo pasaban en grande, al igual que la profesora, porque las dos cosas que más le gustaba hacer eran la enseñanza y el trato con los niños. Muy característico de aquella escuela era el canto de la repetición del alfabeto porque a los pequeños les costaba aprender las letras del alfabeto bengalí, hay que tener en cuenta que estos niños nunca habían asistido a una escuela, básicamente porque no los aceptaban, no es de extrañar entonces sus dificultades.

Fueron pasando los días y de repente, en aquella escuela surgida de la nada, aparecieron una mañana libros y pizarras. La gente se esforzó por aportar lo que tenía, lo que podía, era su manera de demostrar lo agradecidos que estaban; del mismo modo aparecieron los primeros bancos, poco a poco se las fueron arreglando hasta la época del monzón. Menos mal que llegaron maestras para echarle una mano porque aquello continuaba creciendo y a la Madre Teresa le hacía verdadera falta gente que quisiera colaborar. El 4 de enero los niños habían ascendido a cincuenta y seis. El 14 de enero la escuela se convirtió en realidad y la Madre Teresa le puso el nombre de Nirmal Hriday (por este nombre tiempo después se conocería El Hogar de los Moribundos).

Al mismo tiempo que desarrollaba la creación de la escuela en Motijhil, la Madre empezó a idear la apertura de una clínica. Lo consideraba más que esencial porque, además de otros problemas, la tuberculosis y la lepra se estaban extendiendo muy rápidamente. Finalmente, en quince días, consiguió abrir una escuela y una clínica. Aunque esta primera clínica no estaría en Motijhil, sino en un aula parroquial que le había ofrecido una de las hermanas.

También puso en marcha la apertura de otra escuela, en esta ocasión en Tiljala, porque la escuela de Motijhil no tenía ningún uso para los niños del barrio de Tiljala a pesar de que su miseria era mayor que la de Motijhil. De nuevo habilitó una habitación como escuela y como clínica, era el mes de febrero. Mientras tanto Nirmal Hriday continuaba creciendo.

2.4. Primeros pasos. Algunos informes

Durante todo este tiempo, desde que llegó de la misión médica en Patna el 9 de diciembre de 1948, la Madre Teresa estuvo viviendo con las Hermanitas de los Pobres. Pero el padre Van Exem y el padre Henry, (hay que explicar que el padre Henry trabajaba en los barrios bajos de Calcuta y conocía a la Madre Teresa del convento de Saint Mary, en Entally. Además el arzobispo Perier le permitió que le ayudara, pensaron que el convento estaba muy alejado del barrio de chabolas donde trabajaba en Motijhil y que lo mejor era encontrarle una vivienda más cercana. El padre Van Exem conocía a dos hermanos, Alfred y Michael Gomes, los cuales le hacían en ocasiones trabajos administrativos, y se acordó de que tenían una vivienda de 3 pisos, el último de los cuales estaba vacío e imaginó que sería estupendo para la Madre Teresa poder vivir allí. Los hermanos habían oído hablar de esta increíble mujer y se pusieron de acuerdo en seguida. El 28 de febrero de 1949 la Madre se mudó a casa de los Gomes.

Desde su regreso de Patna, la Madre Teresa había empezado a buscar locales para un convento. Le había gustado muchísimo un sitio en Park Circus Avenue pero en el último momento el casero se echó atrás. La Madre entendió aquello (que tanto le dolía ya que sin querer se había encariñado del sitio) como una señal del Señor que quería alejarla de las posibles comodidades para que se acercara cada vez más a la vida que había elegido, la de los pobres. Aquel lugar le recordó el convento de Saint Mary y eso le provocó una lucha interna; una lucha entre la nostalgia, el bienestar mental y físico que tuvo allí, y la nueva vida que deseaba emprender, la vida que llevaban los pobres. Quería ser fuerte a la tentación, por eso le pidió a Dios que le ayudara *para seguir cumpliendo su Voluntad.* Y Dios oyó sus súplicas: la habitación en casa de los Gomes, en Creek Lane, estuvo preparada de inmediato para recibirla. En esa habitación se encontró muy sola, no había muebles tan solo una caja negra que le servía de banco y de mesa. Michael Gomes le ofreció algunos muebles que tenían en otra habitación pero la Madre Teresa los rechazó, si Dios había dispuesto que viviera así, así lo aceptaría.

Al poco tiempo de mudarse a Creek Lane empezó a tener compañía. Le envió una carta a su primera postulante, Subashini Das, donde le pedía verla. En su primera visita, Subashini le dijo que estaba completamente preparada para unirse a ella, pero la Madre Teresa le aconsejó que lo pensara con calma, era una decisión muy importante que podía comprometerla de por vida. A las pocas semanas, la joven volvió solicitando que la aceptara; se puede decir que fue la primera Misionera de la Caridad. El 19 de marzo comenzó una nueva vida para Subashini Das llena de satisfacciones, a pesar de su vocación le ocasionó problemas con su familia: tardó cuatro años en volver a hablar con su madre. Cuando llegó el momento de profesar Subashini eligió el nombre de pila de la Fundadora y se hizo llamar hermana Inés (hay que apuntar que fue la única alumna que en su momento intuyó la marcha de la Madre Teresa para formar su propia congregación). Después de Subashini, acudiría la hermana Agnes y más tarde Magdalena Gomes.

Subashini terminó su curso de entrenamiento docente y a Magdalena le consultaron si le parecía buena idea estudiar la carrera de medicina, tener a alguien con conocimientos médicos sería de gran utilidad en el grupo. A Subashini, Agnes y Magdalena se unieron otras alumnas de Saint Mary: de cuatro pasaron a diez y de diez a treinta en pocos meses.

La habitación inicial de la Madre Teresa se quedó pequeña y las monjas acabaron por ocupar toda la tercera planta de la casa de Michael Gomes. Estudiaban, rezaban, salían a la calle a trabajar y descansaban, todo esto al toque de campana. La misma vida que en el convento, sólo que aún no habían recibido autorización para ser una congregación individual; el arzobispo Perier continuaba pensando si dar luz verde a este arriesgado, pero, sobre todo, novedoso proyecto.

A principios de 1950 llegó el esperado beneplácito del arzobispo Perier para que la Madre Teresa desarrollara su obra. Sólo pidió una cosa, que el director espiritual de la Madre Teresa, el padre Van Exem, redactara la Constitución de la nueva congregación antes del 1 de abril; en ese mes iba a viajar a Roma y quería que el director de la Oficina para la Propagación de la Fe diera el aprobado final. Aunque el arzobispo Perier fue muy conservador en un principio, una vez estuvo convencido de la vocación e importancia del tema apoyaría la obra incondicionalmente el resto de su vida.

Según hemos visto, la Madre Teresa vivió unos inicios bastante difíciles, las circunstancias eran complicadas y fue muy duro poner en marcha la «Llamada». Costó convencer a los estamentos eclesiásticos de que una mujer, monja y europea (era un problema añadido que no fuera de la India) estuviera trabajando sola en los barrios pobres de Calcuta. Eso movía muchos de los pilares que la Iglesia tenía establecidos hasta el momento. A lo hay que añadir sus propias dificultades; el vivir como los pobres era una tarea harto complicada y de un sacrificio extremo. Además de vivir como los pobres tenía la responsabilidad moral, el compromiso, y, sobre todo, la vocación de ayudarles en el día a día a sobrevivir; un trabajo que sólo pudo hacer gracias al amor infinito que sentía hacia Dios. En cada enfermo de lepra, niño desnutrido, en cada

anciana moribunda, madre abandonada, u hombre minusválido…
allí, en cada uno de ellos estaba Dios, sólo así se podía entender el
trabajo que hacían la Madre y las hermanas.

Un comienzo duro donde hubo dudas, preocupaciones, tentaciones
y en el que se sintió profundamente sola. Dudas sobre cuál era el
camino más adecuado para poner en marcha *Su obra*. Preocupaciones
por cómo conseguir las ayudas necesarias para los pobres. Y tentaciones porque tuvo que desprenderse de toda atadura material, de las
pequeñas comodidades de las que gozaba en el convento. A esto le
sumamos que no tenía ninguna compañía, en la habitación que le dejó
la familia Gomes empezó a vivir sola: *Me encontraba en la calle, sin
compañía, sin ayuda, sin dinero, sin garantía ni seguridad.*

En algunos momentos sintió deseos de volver al convento de
Saint Mary en Entally, pero luchó fervorosamente contra estas tentaciones. Además, por entonces nadie la conocía, y aunque mucha
gente la ayudó, otra tanta le dio negativas. Le costó mucho abrirse
camino, sin embargo, vivir con los más pobres entre los pobres hizo
que la Madre Teresa sintiera lo mismo que ellos, los mismos miedos,
la misma angustia y la misma soledad. También sería lo que le daría
la felicidad más plena y le haría estar en perfecta comunión con Dios.

La Madre Teresa realizó en sus inicios una serie de informes, a
petición del arzobispo Perier que quería tener documentación
sobre la génesis de su congregación, de los que aún se conservan
algunos. En concreto, del 25 de diciembre de 1948 hasta el 13 de
junio de 1949, la Madre escribió informes sobre el trabajo que se
hacía cada día, se trata de un libro cuyo incalculable valor radica,
sobre todo, en la información que aporta acerca de sus comienzos.
Sus dudas, fracasos, dificultades, y por encima de todo eso, su felicidad. Una de las cosas más importantes que reflejan estos docu-
mentos es su fe en la «Llamada», aquí queda constatado una vez
más: era el motor de su trabajo.

2.5. La Misioneras de la Caridad tienen su Constitución

El padre Van Exem era el encargado de redactar la Constitución
de la Misioneras de la Caridad, y para hacerlo se basó por encima de

51

todo en el «Mensaje» que la Madre Teresa recibió en la «2.ª Llamada» durante su viaje a Darjeeling, aunque también consultó otras constituciones y por supuesto tuvo muy en cuenta la ley canónica existente.

En el «Mensaje» de la Madre Teresa estaban claros los siguientes preceptos:

—*Tendría que dejar su convento y vivir como los pobres.*
—*No tendría una casa grande o instituciones importantes.*
—*Su trabajo se llevaría a cabo en los barrios de chabolas y en las calles de Calcuta.*
—*Si adquirían grandes casas e instituciones, sería solamente para los necesitados, tales como bebés y niños abandonados, leprosos o indigentes moribundos.*
—*Actuarían como sociedad religiosa, no como asistentes sociales.*
—*Era caridad hacia Cristo a través de los pobres.*

En total 275 estatutos. Una Constitución que promulgaba la permanencia de las Misioneras de la Caridad en la tierra viviendo la preocupación de Cristo por los más pobres y desdichados.

A estas alturas se puede afirmar que el principal objetivo de las Misioneras de la Caridad era, y es, el servicio a los pobres hasta el punto de vivir como ellos. Todo en esta nueva congregación giraba en torno a esta convicción, de ahí que al tener una base distinta hubiera algunas normas o preceptos, por los que se regían dichas monjas, diferentes a las de otras congregaciones. Éste es el caso de la creación de un cuarto voto adicional del que hablaremos a continuación.

Además de los tres votos: pobreza, obediencia y castidad, que son iguales para todas las congregaciones, las Misioneras de la Caridad tomaron un cuarto voto, propio y exclusivo de su congregación: *servicio exclusivo y libre para los más pobres entre los pobres.* Un voto que implicaba mucho más, una vuelta de tuerca en directa relación con su alto grado de compromiso. Atender a los moribundos y enfermos con ilusión, sin esperar nada, y servir a todos y cada uno de ellos sin distinción era algo nuevo en una congregación que apostaba por un reto distinto, más real y más humano. Las hermanas hablan de este voto añadido como *nuestro modo.*

La Madre Teresa habló de tres objetivos para introducir el cuarto voto. El primero, que fuera una manera de garantizar la fidelidad al origen de la llamada. En segundo lugar, que les ayudase a preservar la pobreza que habían elegido. Por último, que les alentase a confiar en Dios sin reservas. Un experto en derecho canónico llegó a decir a la Madre Teresa: *si algún obispo pretendiese que asumiesen una actividad contraria al cuarto voto, basta con que escriban a la Congregación de Religiosos: el cambio no será autorizado.* Los jesuitas también tienen un cuarto voto, aunque de diferente naturaleza, en su caso es de obediencia al Papa con relación a las misiones.

Al mismo tiempo, la Madre Teresa también tenía una visión propia de los tres votos restantes. El voto de obediencia implicaba que una obediencia absoluta, significaba hacer la voluntad de Dios en todo. En referencia al voto de castidad consideraba que era éste precisamente el que las hacía libres para amar a todo el mundo. En contra de lo que la mayoría de la gente pensaba, la castidad no las hacía menos humanas, ni por ello carecían de sentimientos, sino que, en lugar de amar más que a un hombre o convertirse en madre de dos o tres hijos, el voto de castidad les permitía amar a todo el que lo necesitara a través de Dios. No era una mutilación, todo lo contrario, era una consagración por completo a Jesús. Para la Madre tanto ella como sus hermanas eran *esposas de Dios*.

De los cuatro votos, el de pobreza era el más estricto de la congregación. A este propósito decir que la esencia de la congregación se puede resumir en dos palabras cargadas de expresividad y de significado: *Tengo Sed.* Palabras, que por cierto, están en todos los crucifijos, capillas y centros de estas Misioneras para recordar a cada una de ellas cuál es su verdadero trabajo: que la sed que Jesús tuvo en la cruz se vaya paliando a través de su oración y penitencia, algo a lo que estas monjas dedicaron y dedican su vida al completo.

La Sagrada Congregación en Roma aprobó la Constitución de las Misioneras de la Caridad el 7 de octubre de 1950, festividad de Nuestra Señora del Rosario. Pero será el 12 de abril de 1953 cuando nació virtual o canónicamente. El 12 de abril es una fecha que coincide con la profesión religiosa de las primeras doce hermanas, entre las que estaba la Fundadora. Después de dos años de noviciado, donde la Madre Teresa actuó como maestra de novicias y como novicia ella misma, emitieron la profesión religiosa. Para la Madre la profesión no era sino ratificar los tres votos que ya había profesado como hermana de Loreto desde 1931 sin interrupción, así como el cuarto voto añadido con posterioridad.

Una vez formada la congregación, el número de monjas que se unieron a la Madre Teresa sólo hizo aumentar. Ya dijimos que la tercera planta del piso de Michael Gomes se había llenado por completo, pero es que además tuvieron que construir otra habitación en el tejado y habilitaron una salita pequeña como capilla. Definitivamente, aquel entrañable lugar se estaba quedando pequeño, de modo que el padre Henry y el padre Van Exem comenzaron de nuevo la búsqueda de un recinto donde pudieran instalarse. Se estaba gestando lo que, en un futuro y para siempre, sería el lugar de referencia de las Misioneras de la Caridad, la Casa Madre.

La congregación tuvo su base en Calcuta durante los diez primeros años, según establecía la ley canónica por la que se regían estrictamente. Dicha ley requería un mínimo de diez años de experiencia para la apertura de nuevas casas fuera de la diócesis por una institución.

Como esta congregación tenía una Constitución detallada que se ajustaba a unas reglas (siempre se podía aplicar una regla para cada asunto que pudiera surgir) la elección al puesto de superiora general y los cuatro consejeros generales también era algo que se regulaba a través de estas normas. De esto se deduce que la congregación tuviera en el Capítulo General su máxima autoridad. Cada seis años, el capítulo general elegía a la superiora general y a los consejeros generales que son cuatro. En total eran alrededor de cien miembros, contando a todos los consejeros, los superiores regionales y delegados de los diferentes lugares. Las reuniones del Capítulo General se han venido haciendo desde 1967. Como en todas las elecciones, el voto era secreto y hacía falta una mayoría absoluta.

III. LAS MISIONERAS DE LA CARIDAD

3.1. La Casa Madre

Llegó a oídos de las hermanas de la Caridad que un hombre vendía su casa en el 54A de Lower Circular Road; era un edificio ubicado en una zona céntrica, propiedad de un juez musulmán. Cuando este hombre se enteró de que era para la obra de la Madre Teresa entregó la casa al arzobispo Perier sin dudarlo. A pesar de la nostalgia, sus palabras fueron, *Dios me ha dado esta casa y yo se la devuelvo.*

La Iglesia prestó dinero a la Madre: unas 200.000 pts. de entonces (año 1953) es decir, 125.000 rupias. Le llevó toda su vida devolver este dinero, pero lo hizo, devolvió hasta la última peseta.

Era febrero de 1953 cuando, las 27 monjas de las Misioneras de la Caridad se trasladaron a Lower Circular Road. Allí estaba la que sería su sede central, que recibiría desde entonces y hasta el momento el nombre de Casa Madre.

De la puerta de entrada a la Casa colgaba un pequeño tablón con las palabras «Madre Teresa». Para llamar instalaron una campana de latón que sonaba al tirar, este método lo consideraron mucho más práctico que el timbre ya que quedarse sin luz y sin electricidad era algo muy frecuente en Calcuta. Cabe destacar un lugar clave de esta Casa como era la capilla, sobre todo por su austeridad. En aquella época, no tenía ninguna decoración ni tampoco había bancos ni sitios donde sentarse, únicamente unas esterillas para ponerse de rodillas, o en su lugar para sentarse.

En la actualidad, la Casa Madre se llama Acharya J.C. Bose Road, aunque lo cierto es que todo el mundo sigue conociendo este lugar, el primero que fundó la Madre Teresa, por la Casa Madre.

3.2. Método de trabajo. El día a día

El esquema de trabajo de la Madre Teresa no consistía en un plan estructurado de antemano. Consideraba que lo más eficaz era ir resolviendo los problemas según se iban presentando y por tanto no seguía los procedimientos que, en muchas ocasiones, estaban prefijados ante determinados problemas. Éste era el caso de investigar lo ocurrido, llevar a cabo un proyecto, obtener un recurso, hacer un entrenamiento del personal. Por poner un ejemplo, si alguien necesitaba comida lo que hacía era intentar proporcionársela lo más pronto posible y no detenerse en hacer un estudio sobre alimentación etc., y así con todo. Esta manera de actuar no varió a lo largo de los años.

También se acostumbró a hacer varias cosas al mismo tiempo.

Un parámetro fundamental dentro de su método de trabajo, era la creencia firme en Dios. *Él* estaría siempre con ella, guiándola, porque al fin y al cabo, ella era una intermediaria que estaba poniendo en marcha *Su* obra; por eso estaba tan segura de que Dios haría todo lo posible para ayudarla, siempre estaría a su lado. Ésta confianza absoluta le hacía ver la vida de otra manera y por descontado plantear las cosas desde otro punto de vista. Sin esta premisa no se puede entender el método de trabajo de la Madre Teresa.

Desde el principio supo cómo quería hacer las cosas, desde sus primeros tiempos *fue sistemática y metódica.*

En cuanto a la rutina de trabajo de las hermanas de la Caridad, hay que tener en cuenta que se trataba de una comunidad, y por tanto lo hacían todo en común, desde la oración hasta el trabajo diario.

La Madre Teresa y las hermanas de la Caridad se levantaban a las cinco de la mañana, media hora de meditación y acto seguido asistían a misa para recibir la comunión. Terminada la misa, las hermanas comenzaban las labores domésticas del día, cada una, la que le correspondía ya que eran labores que habían sido adjudicadas con antelación. Desayunaban a base de té y panecillos, y en torno a las ocho ya estaban preparadas para iniciar su trabajo por la ciudad. Había muchos sitios donde era necesaria su presencia.

Algunas iban a las clínicas de leprosos, otras a Kalighat a visitar a los moribundos, otras a hogares de niños huérfanos o abandonados y también acudían a las escuelas o a enseñar el catecismo. Estaban distribuidas por toda la ciudad. Normalmente iban caminando de un sitio a otro y aprovechaban estos trayectos para rezar (tomaron el hábito de rezar el rosario mientras caminaban por la calle). Si pensaban dirigirse a alguien de la calle rezaban primero.

A la hora de la comida, en torno a las doce y media de la mañana, las hermanas regresaban al convento. El momento del examen de conciencia, lo realizaban después de comer, rezaban el Oficio divino y el Vía Crucis. La una del mediodía era la hora establecida para dormir una siesta de media hora, algo muy importante cuando se trabaja desde las cinco de la mañana hasta avanzada la tarde, de hecho fue uno de los sabios consejos que le dieron en las Misiones de Patna y que la Madre puso en práctica con resultados muy satisfactorios. Era la mejor manera de que las hermanas fueran efectivas en el segundo turno de trabajo, porque cuando llegaban las dos de la tarde había que comenzar de nuevo con la actividad. En concreto, a las dos disponían de media hora de lectura espiritual, luego una taza de té, y a las tres, las hermanas profesas salían de vuelta a la calle mientras que las novicias y postulantes se quedaban en casa recibiendo clases de teología, Sagradas Escrituras y otros temas como puedan ser las Constituciones. Sobre las seis regresaban a la Casa Madre, después de una hora de veneración. A las siete y media estaba prevista la cena, y después preparaban el trabajo del día siguiente durante veinte minutos. De ocho y media a nueve, el recreo. A las nueve era la oración de la noche y la hora de preparar la meditación para la mañana siguiente. Sobre las diez de la noche y una vez terminada la meditación se iban a dormir. Una dura jornada de trabajo, perfectamente planificada y cargada de disciplina. Las hermanas podían trabajar hasta diez o doce horas sin interrupción sirviendo a los pobres.

Esta jornada de trabajo estaba basada en el esquema pensado para Calcuta; aunque con algunas variantes, también era aplicable a todos los lugares donde se pudieran encontrar.

En la Constitución de la Congregación se reflejaba que las hermanas, para salir a realizar su trabajo en la calle, tenían que ir en parejas (al igual que en su tiempo lo hicieron los discípulos de Jesús). Era una de las normas más importantes. Según explica el padre Van Exem, se trataba de una regla que debían cumplir principalmente por razones de seguridad. Es cierto que había monjas que salían solas, pero las Misioneras de la Caridad tenían un trabajo muy específico que se desarrollaba la mayor parte del tiempo en sitios muy conflictivos de Calcuta. De cualquier manera hay que señalar que en aquellos momentos, se trata de una medida de precaución porque las hermanas no habían sufrido ningún altercado ni siquiera en los lugares más peligrosos. Las conocían en cualquier lugar, eran reconocidas por su indumentaria, y las respetaban; algo que achacaban a su cuarto voto ya que eran igual de pobres como a los que iban a atender.

Cuando las hermanas se encontraban fuera de su lugar de trabajo o fuera del convento, no podían comer ni beber. No les estaba permitido aceptar nada, cada una llevaba su propia botella de agua como único remedio para aguantar los días de extremo calor que hacía en la India. La Madre Teresa tenía una razón para haber implantado esta privación. Y es que, de un modo u otro, todo el mundo deseaba darles las gracias y existía gente que, aunque quisiera, no podría ofrecerles nada, así que para que los que menos posibilidades tenían no se sintieran afectados, las hermanas tomaron la determinación de no aceptar nada de nadie y de este modo todos estarían en igualdad de condiciones, ya no habría lugar para malos entendidos.

Si las hermanas deseaban desplazarse utilizaban el mismo método que los pobres. Es decir, normalmente realizaban su camino andando y si el lugar estaba muy lejos entonces hacían uso del transporte público. Tanto si era andando como en otro medio de transporte, las hermanas aprovechaban este tiempo para rezar.

Se estableció un día a la semana para que las hermanas descansaran de sus actividades diarias; normalmente el día previsto era el jueves. Este día estaba reservado para las tareas domésticas o en el empleo de estudios religiosos, también era un día para la reflexión. Sucedía al contrario de lo que era la rutina diaria, las novicias del primer año era este día el que salían a trabajar fuera de casa, por ser precisamente las únicas que no lo hacían el resto de días. Por el contrario, las hermanas profesas permanecían en casa durante esta jornada de retiro. Para ellas era un día muy importante y necesario porque era el único momento que dedicaban a recuperar fuerzas, cargarse de nuevas energías y llenarse de nuevo de espiritualidad para cubrir el vacío que a veces les ocasionaba el ajetreo diario. El día de retiro también estaba orientado a la confesión.

Los jueves también eran días para coser. Sobre todo para remendar los saríes que debido a un uso continuo, se deterioraban a grandes pasos. Entre las pocas pertenencias de las hermanas figuraban tres saríes y era una característica más de la congregación la muestra de orden y limpieza, de ahí que las hermanas los conservaran impecables a pesar del duro trabajo al que estaban expuestas. Las novicias o hermanas sólo albergaban estas posesiones: los 3 saríes, un pequeño crucifico para engancharlo al sari, un rosario, un plato para comer, y un colchón muy finito de paja. Una vida en perfecta armonía con lo que predicaban, alejadas de lo material, y buscando a Dios en cada acto.

El trabajo y el método de las hermanas de la Caridad que acabamos de ver es el que se aplicaba en Calcuta, pero cuando tenían que ir a otros lugares en el extranjero, se vieron en la necesidad, en algunas ocasiones, de cambiar sus rutinas y por ejemplo trabajar por la noche. Aunque sus actividades eran muy parecidas, el método muchas veces variaba con el propósito de adecuarlo al lugar donde se hallaran.

La Madre Teresa tenía una rutina diferente en relación al resto de las hermanas. Sus obligaciones y deberes con respecto a los distintos lugares del mundo le hacían ser responsable de otras actividades. Por ejemplo visitaba las misiones que las hermanas de la Caridad formaban en la propia India y por el mundo; dedicaba medio año a visitar estas casas. Además tenía que atender los compromisos que iban surgiendo: actos donde le pedían que diera una conferencia, asistir a un enfermo, buscar nuevas casas y atender a todos aquellos que se acercaban en su busca, tanto para ofrecer un donativo como para compartir sus problemas. Para todos, la Madre Teresa siempre encontraba un rato.

La Madre Teresa tenía unas *tarjetas de visita* que daba siempre que podía. En ellas estaba inscrito el siguiente mensaje, puro reflejo de su vida:

El fruto del Silencio es la Oración
El fruto de la Oración es la Fe
El fruto de la Fe es el Amor
El fruto del Amor es el Servicio
El fruto del Servicio es la Paz

Eran tarjetas de visita que le había hecho un admirador indio, un hombre de negocios. La Madre vio que en ellas se reunía perfectamente su camino de sencillez. Un camino que se componía de seis pasos esenciales: silencio, oración, fe, amor, servicio y paz. Tomar contacto con alguno de estos aspectos llevaba inmediatamente al conocimiento del otro.

A las diez de la noche, cuando el personal se había ido a la cama, ella seguía trabajando, siempre había cosas que hacer. Se instalaba en su pequeña oficina y era entonces cuando aprovechaba para atender toda esa cantidad de cartas que le llegaban sin cesar día tras día. No dejó de hacer esta tarea hasta que cayó enferma.

Dormía unas tres horas al día. Según decía no le quedaba otro remedio si quería pensar en las hermanas, escribir y hacer una buena planificación del trabajo, y esto sólo era posible realizarlo por la noche.

Así era y así trabajaba. Con la oración, con el amor, estando sin preguntar, pero también en la acción, en la lucha diaria ante los problemas terrenales. Cultivando siempre ese equilibrio que ella predicaba: *el amor expresado en el servicio y el amor que entraña la contemplación.*

3.3. Actividades de las Misioneras de la Caridad

Las actividades de las hermanas se pueden clasificar en 3 grupos:

—Actividades sociales: *asistencia social infantil, programas educativos, visitas a familias, guarderías de día, programas de alimentación, hogares para alcohólicos, refugios nocturnos y centros de planificación familiar.*

—Actividades médicas: *farmacias, clínicas de leprosos, centros de rehabilitación, hogares para abandonados, incapacitados, niños con retraso mental, madres solteras, enfermos, indigentes moribundos y enfermos de sida.*

—Actividades educativas: *en escuelas de enseñanza primaria en los suburbios y clases administrativas. También clases de costura, artesanía, manualidades. Parvularios en pueblos y programas de posgrado.*

—Actividades apostólicas: *visitas a las prisiones, contactos con familias, clases de catecismo, grupos de Acción Católica y escuela dominical.*

Estas actividades fueron cambiando y aumentando según fue creciendo y desarrollándose la congregación y según se fue produciendo su expansión por el mundo.

Un día, la Madre Teresa explicó que el término Misioneras de la Caridad no fue una decisión suya, sino que estaba implícito en la «Llamada». En realidad, este nombre lo que quería significar es que eran mensajeras del amor de Dios. En su interior debían estar llenas de caridad y a su vez debían trasmitir esa caridad a los demás, tanto si eran cristianos como si no, tanto si eran creyentes como ateos. Por encima de todo la Madre Teresa reclamaba su posición de religiosas. No eran asistentes sociales, ni profesoras, ni enfermeras o agentes sanitarias, sino religiosas.

3.4. Requisitos para entrar en la congregación

Todas aquellas chicas que desearan entrar en la congregación de las hermanas Misioneras de la Caridad tendrían que romper inexorablemente la relación con su familia y con sus seres más queridos. Únicamente se les permitiría regresar a sus casas una vez cada diez años y por dos causas muy concretas, bien por la muerte de un pariente o por un cambio de destino a otro país.

Entrar en la congregación de las Misioneras de la Caridad exigía cuatro requisitos. Había que reunir cuatro cualidades indispensables:

—*Una buena salud mental y física, ser sana de cuerpo y mente.*

—*Capacidad de adquirir conocimientos, tener capacidad de aprender.*

—*Mucho sentido común, estar dotada de mucho buen sentido.*
—*Una disposición alegre, estar movida por recta intención.*

Antes de nada de plantearse cualquier otra cosa tenían que ver si agrupaban estos cuatro requisitos. En caso afirmativo podían acudir a observar el trabajo que desempeñaban las hermanas, así estaban en contacto con la gente y podían comprobar si eso era lo que de verdad querían; en definitiva si la realidad era tal y como la habían imaginado y si ése era el camino que deseaban tomar.

Para ingresar en la Orden había que ir pasando etapas. Lo primero era un tiempo de prueba de seis meses como aspirantes, digamos que era una especie de entrenamiento, después otros seis meses como postulante. Una vez pasado el periodo de postulancia, llegaba la época de noviciado con una duración de dos años, hasta que no finalizaban el noviciado no podían tomar los primeros votos.

En total, seis años de votos temporales. Las hermanas que ya habían profesado sus votos comenzaban la siguiente fase: *los estudios primarios.* Durante cinco años, cada año consecutivo renovaban sus votos. Aunque hemos hablado de cinco años, decimos seis porque un año antes de terminar los votos temporales, las hermanas regresaban un año al noviciado con el objetivo de profundizar en la vida espiritual (la Madre Teresa insistía en que no eran asistentes sociales sin más), lo que se pretendía era enseñar a todas estas jóvenes a convertir el trabajo en oración. Terminada la etapa de votos temporales, con el correspondiente año de oración, las hermanas entraban en la *etapa superior.* Pero antes de continuar, la Madre Teresa les sometía a otra prueba ya que quería que las hermanas estuvieran completamente seguras de la decisión tan importante que iban a profesar. Por esta razón, a pesar de los seis años que llevaban preparándose, las mandaba a casa durante tres semanas, era la prueba de fuego, la última oportunidad que tenían para retractarse. Las que volvían y aprobaban dicha *etapa superior,* dejaban de ser hermanas profesas y tomaban los votos perpetuos.

Las hermanas que estaban preparando fuera el noviciado requerían de una estancia en otro lugar. Cuando llegaban a la etapa de los votos finales, si no habían estado en Calcuta, la Madre Teresa les pedía que pasaran seis meses en Roma y seis en Calcuta. La idea era hacer lo que desde hacía tiempo habían puesto en práctica las postulantes de Estados Unidos, salir de su próspero país y ver algo más, empezar a conocer otras realidades. (En la actualidad las candidatas a Misioneras de la Caridad de Estados Unidos ya no hacen el noviciado de Roma y tampoco es necesario para Europa, ya que tienen uno en Polonia).

Sólo podían ingresar en la congregación aquellas chicas que hubieran cumplido diecisiete años, era la edad mínima requerida para empezar la carrera con las Misioneras de la Caridad.

Las novicias tenían plena libertad para dejar la congregación en cualquier momento. Ya hemos dicho que en algunos casos se trataba de verificar si lo que sentían era vocación y por esta razón no todas llegaban a ingresar en la Orden. Si deseaban irse una vez tomados los votos podían solicitar un permiso, aunque en general eran muchas más las novicias que se quedaban que las que se iban, algo que se achacaba al carácter conciliador y familiar de la Madre Teresa. La propia Madre llegó a reconocer como bastante excepcional el hecho de que la mayoría de las hermanas hubieran sido tan fieles. Las chicas que se quedaban ofrecían un sacrificio propio a Dios a través de los pobres. Un sacrificio que afectaba a todos los ámbitos de su vida, desde un cambio en su posición social, de casa, el no volver a ver a sus padres, hasta un futuro incierto donde las comodidades quedaban muy lejos. Entre otras muchas cosas, la permanencia de las hermanas quizá se debiera también a que se consideraban una familia normal, más numerosa de lo habitual o de la familia convencional pero con los mismos patrones; es decir si alguna hermana tenía un problema acudía a su Madre o hermanas para contárselo. *Compartimos todo; creo que ésa es la diferencia.*

3.5. Las Misioneras de la Caridad llegan a otros lugares del mundo. Apertura de nuevas casas

En el año 1960 la Madre Teresa abrió su primera casa fuera de Calcuta. No se le permitió hasta entonces porque la congregación se atenía estrictamente a la ley canónica, la cual exigía diez años de experiencia para abrir nuevas casas fuera de la diócesis. Para la apertura de la nueva casa se eligió la ciudad de Ranchi, en el cinturón tribal de la India. Después de Ranchi se inauguró otro hogar, en esta ocasión en Delhi, al que acudió el que era entonces el primer ministro, Jawaharlal Nerhu (Nerhu fue quien recomendó a la Madre Teresa para el premio Padma Shri, un prestigioso galardón que le otorgaron en 1962, siendo la primera vez que se le daba a alguien que no hubiera nacido en la India).

Desde entonces, la apertura de nuevas casas no hizo más que comenzar. Se creó una especie de ritual a la hora de inaugurar nuevas casas. Lo primero era asistir la capilla, debía ser la mejor habitación de la casa porque era la habitación de Jesús, y sólo estaría preparada cuando dispusiera de un cáliz y un tabernáculo. *Él* era el verdadero dueño de cada casa, por eso en ciertas ocasiones la capilla ha sido el único lugar rehabilitado y el primero que enseñaban a todos los visitantes y huéspedes.

En 1960 se abrieron nuevas casas en lugares como Jhansi y Agra, del estado de Uttar Pradesh. Al año siguiente les llegó un terreno para lo que sería el hogar de leprosos en Shantinagar y en 1962 abrieron otra casa en Amravati, en 1963 en Patna y Raigarh, en 1964 en Darjeeling, Jamshedpur, en Goa (antigua colonia portuguesa) y en Trivandrum, en el Kerala, de donde la congregación ha recibido numerosas vocaciones. La casa que se inauguró en 1976 en Bombay, se llamó «Asha Dan», «Don de Esperanza». De manera que en los años sesenta se crearon veinticinco casas en la India, el número aumentó a finales de los ochenta hasta ochenta y seis. En 1991 había instauradas 168 casas y desde entonces este número no ha dejado de aumentar.

Tal y como era el deseo de la Madre Teresa, las casas también llegaron al extranjero. El primer hogar no hindú se abrió en Cocorote, Venezuela, hacia el año 1965. Este caso, al igual que los demás, fue un proceso difícil. El arzobispo Perier ya era reacio a que la misión se propagara a gran velocidad por la India, cuanto más por otros países. Sin embargo se planteó un problema: existían personas sin tierra, descendientes de africanos en Venezuela. Como solución el nuncio pontificio en Nueva Delhi pensó inmediatamente en la Madre Teresa y sus Misioneras y el arzobispo Perier tuvo que aceptar. En febrero de 1965 la hermandad se con-

La Madre Teresa junto a la reina de España Doña Sofía.

virtió en una congregación de derecho pontificio situada bajo la dirección del Vaticano.

La segunda casa en el extranjero se abrió en Roma, en 1968. Invitada personalmente por Pablo VI, la Madre inauguró la segunda casa en un barrio de chabolas, en un lugar lejos del lujo que parecía acompañar a las instituciones eclesiásticas en aquella ciudad. Allí todo el mundo conocía a las cuatro hermanas de origen indio que apenas sabían hablar italiano. Y de Roma se fueron al otro extremo del mundo, Australia: en Bourke y Melbourne la Madre Teresa abrió una casa para alcohólicos y otra para aborígenes. Para abrir la casa de Melbourne hubo un motivo añadido, y es que la propuesta vino del arzobispo James R. Knox, anterior nuncio apostólico de la India. Al ostentar ese cargo, el arzobispo Knox, representante de la Santa Sede intervino repetidamente a favor de las obras de las Misioneras en particular en sus difíciles comienzos. Después el papa Pablo VI llamó al arzobispo y le nombró cardenal, de manera que la Madre y el ya cardenal Knox continuaban en contacto. Tanto las Misioneras como su Fundadora consideraron a James R. Knox como uno de sus más generosos bienhechores. Después de Melbourne siguió la apertura de centros en Australia: Bourke, Catherine, Queanbeyan, Tennant Creek, Darwin, Orange, Dareton y el último en Sydney en 1995.

La apertura de casas comenzó a ser imparable. En 1970 aparecen cuatro hogares más: en Londres, Jordania y otros dos en Venezuela. A éstos le siguieron el Bronx de Nueva York, Bangladesh, Irlanda del Norte, la franja de Gaza, Yemen, Etiopía, Sicilia, Nueva Guinea, Filipinas, Panamá, Japón, Portugal, Brasil y Burundi. También en Gran Bretaña, Estados Unidos, la Unión Soviética, Sudáfrica y Europa del Este. Y por fin le llegó el turno a Albania, algo que la Madre deseaba profundamente, era su país de nacimiento, donde residían su familia y sus más preciados recuerdos de la infancia.

La creación de todas estas casas fue una tarea ardua. Si sólo miramos la cantidad, parece que es el resultado de una secuencia de hechos naturales y sin costes, sin embargo esta obra fue consecuencia de un proceso mucho más laborioso, sobre todo en algunas zonas. Las dificultades variaban según el territorio, por ejemplo en el verano de 1973 se les ofreció abrir una casa en Yemen, país completamente musulmán. La Madre Teresa sólo puso una condición y era que le dejaran llevar un sacerdote, una petición que hubo que consultar y deliberar. Finalmente, después de ocho siglos, sucedió algo sin precedentes, era la primera vez que un sacerdote misionero, perteneciente a la orden de los Padres Blancos, entraba en el país. Después, fue la propia población musulmana quién pidió que las hermanas se despojaran el crucifijo, la Madre Teresa alegó que era el signo de su congregación y que se debían a él. El tercer problema surgió cuando un buen día les comunicaron que el hecho de que rezaran el rosario por las calles les incomodaba profundamente. Sin embargo, en los temas relacionados con los principios de la congregación la Madre Teresa no hacía concesiones, ésta fue su respuesta: *Rezar nos da fuerza. Por eso lo hacemos.* Fue un periodo de acomodación difícil hasta que se pudo llegar a un consenso, pero la contestación final a este periodo de adaptación era el deseo manifiesto de que las hermanas se quedaran, definitivamente las aceptarían tal y como eran. Las hermanas además de la casa de Hodeida, tenían otra en San'a y en Ta'izz. Respetaban cualquier tipo de credo y sólo pedían el mismo rigor para ellas.

La Madre Teresa pisó España por primera vez en 1976 por invitación del arzobispo de Madrid, el cual tenía ilusión de abrir una casa en su archidiócesis. Por su parte, la Madre Teresa debía corroborar que realmente hacía falta el establecimiento de una fundación de las Misioneras de la Caridad en España. Para ello vio la situación de los pobres en lugares como Vallecas, Pozo del Tío Raimundo, Caño Roto, Pozo del Huevo, y constató la necesidad de una nueva casa, aunque la petición quedó aplazada ya que aún quedaban otras cien solicitudes por resolver. Lo que sí ocurrió en ese viaje es que dos jóvenes, una de Cataluña y otra de Canarias, querían entrar en la congregación de las Misioneras de la Caridad. A raíz de esta visita hicieron el noviciado en Londres y se convirtieron en las dos primeras Misioneras de la Caridad españolas.

La creación de una casa en España tampoco resultó sencillo. El 21 de junio de 1980 sería la fecha de fundación de las Misioneras en el país y la llegada de la Madre Teresa sería bien distinta a la otra ocasión. Llegó con la fuerte repercusión del premio Nobel a sus espaldas, ahora todo el mundo la conocía y todo el mundo la esperaba. Se fijó como residencia durante dos años el Barrio del Candil de Leganés, una zona entonces pobre (hoy ya no) del sur de la capital. Más tarde las Misioneras se trasladaron a Vallecas. Abrieron un comedor para pobres y un asilo para ancianos abandonados, así como un doble hogar para enfermos y enfermas de sida.

Una semana después de la casa de España, la Madre Teresa abrió por fin la casa que tanto anhelaba en Skopje, su ciudad natal. El 8 de junio de 1980 la Madre volvía a su país de origen después de 52 años. Cuando nació la Madre Teresa la ciudad tenía 20.000 habitantes y pertenecía a Albania. Después de haber caído en manos de los turcos y búlgaros en repetidas ocasiones y tras la reciente guerra de los Balcanes, la ciudad se había convertido en la capital de la República Federal de Macedonia.

Pocos años más tarde, en 1982, las Misioneras abrieron otra casa en España, el lugar elegido esta vez fue Sabadell. Con el tiempo, esta casa se desdoblaría para dar lugar a otra en la ciudad de Barcelona.

Las Misioneras de la Caridad llegaron a Filipinas a finales de los años setenta. En los barrios de Manila Binondo, Metro y Tondo se abrieron las primeras casas en los años 1977, 1978 y 1979. Era la época en la que imperaba el régimen de Ferdinand Marcos. A su esposa, Imelda Marcos, se la conocía por su ostentación y sobre todo por su afición a los zapatos caros. Aun así, la Madre siempre tuvo palabras de agradecimiento para ella por su ayuda. Imelda Marcos fue quien le proporcionó los primeros locales para asistir a los pobres.

También en 1977 llegaron a Haití, la primera casa fue en Porta u Príncipe. En 1979 inauguraron otra en Salfil, en Jeremie en enero de 1983, en septiembre de 1987 en Hinche, y en Les Cayes en agosto de 1992. Durante estos años conoció al dictador Duvalier, más concretamente a su esposa, Jean-Claude, a la que remitió a un grupo de colaboradores.

En la antigua Unión Soviética las condiciones resultaron especialmente complicadas, muchos intentos y solicitudes siempre se tradujeron en negativas. Cuando finalmente consiguió el permiso, ocurrió el terremoto de Armenia. Era el 7 de diciembre de 1988 y así fue como la Madre Teresa pudo volar en misión de ayuda para lo que aquellas gentes pudieran necesitar. A partir de ese momento la antigua Unión Soviética cuenta con diez casas.

La Madre Teresa también se preocupó por un país como Cuba, acudió a La Habana en 1986 con motivo de una invitación de la Conferencia Episcopal al país. El objetivo era explorar el terreno para trasladar allí una sede de las Misioneras de la Caridad, pero antes de que aquello pudiera ser efectivo el dirigente Fidel Castro quería verla. Como anécdota, la Madre contó de ese encuentro que el mandatario estaba interesado en conocer las intenciones que las llevaban a instalarse en su país, cuando la Madre le dijo que la única razón era atender a los pobres, él dirigente cubano se defendió: *Eso es imposible, Madre. Acá no hay pobres.* Entonces la Madre Teresa argumentó: *Bien. En todo caso habrá enfermos, moribundos, disminuidos, esposas e hijos con sus maridos y padres en prisión...*, a lo que él asintió, *Pues nosotras deseamos también ocuparnos de ellos. En ese caso, Madre, sí, vengan, vengan* fueron sus palabras. Después de aquella declaración de intenciones, abrieron un centro en La Habana en noviembre de 1986, en 1988 en Bayamo y Santiago de Cuba, en Ciego de Ávila y Las Tunas en agosto de 1991, y en Pinar del Río en marzo 1996.

Un destino especialmente problemático fue África. La Madre Teresa tenía un pasaporte diplomático concedido por la India para viajar a los diferentes lugares, sin embargo en Sudáfrica no pudo entrar hasta que no consiguió un pasaporte no diplomático, ya que la India no mantenía relaciones diplomáticas con este país. Una vez que el Gobierno de Sudáfrica le proporcionó los visados pertinentes, pudo abrir su primera casa en Ciudad del Cabo en 1988. En ese mismo año, la Madre abrió la cuarta casa en el Vaticano. Aunque ya existían tres, era consciente de que el número de pobres era tan alto que se necesitaba una cuarta casa. Pero de esta última quería algo más, que estuviera en el propio Vaticano; de hecho se construyó dentro de la antigua estructura, pegada a la Sala de Audiencias. Era un local que hacía esquina con dos calles muy transitadas de Roma y al que le pusieron el nombre de Casa Dono di Maria. En la planta de arriba se daba cobijo a unas veinte mujeres abandonadas y cuatro Misioneras de la Caridad, la planta de abajo funcionaba a diario como un comedor para los pobres. Hubo quien comentó que era el lugar más cristiano de toda la Ciudad del Vaticano.

La Madre Teresa estaba feliz y sus palabras así lo reflejaban: *Ahora nuestros pobres tienen un sitio justo en el Vaticano. Nuestros pobres son los únicos que pueden entrar en el Vaticano sin comprar una entrada.*

Las otras casas estaban en los barrios de la gente trabajadora de Roma, una ciudad que cuenta con cinco casas. Pero hay más hogares en otros puntos de Italia como Bari, Bolonia, Cagliari, Catania, Florencia, Génova, L'Aquila, dos casas más en Milán, otras dos en Nápoles. Una labor, que en lugar tan católico como Italia, se presupone se siga extendiendo.

En 2002, se abrió una tercera fundación en España, de Madrid a Sabadell y de Sabadell a Murcia. Esta decisión vino de la mano de un sacerdote que estuvo muy vinculado a la obra de la Madre Teresa de manera muy especial, él movió este asunto y la invitación llegó por sorpresa. El padre Francisco Tomás había sido misionero en Venezuela en los años 60 y 70, precisamente en la misma zona donde las Misioneras de la Caridad habían fundado su primera casa fuera de la India. Cuando acabó la misión de Venezuela volvió a su archidiócesis de origen a ocupar un cargo de responsabilidad en las oficinas centrales de la Conferencia Episcopal en España y fue en estas oficinas donde se encontraron cuando la Madre Teresa vino por primera vez a España. Su sorpresa y su alegría fueron inmensas; durante esos días compartieron vivencias e información de su etapa en Cocorote... hablaron de la hermana Nirmala, quien sería la sucesora de la Madre Teresa después de su muerte; un cúmulo de casualidades que ninguno de los dos alcanzaría a pensar. Después de tanto tiempo, se volvían a encontrar en otro país, España, para seguir trabajando por una causa común.

Lo cierto es que las hermanas desarrollaron una gran habilidad en organizar una casa allá donde se necesitaba o en montar un campamento de emergencia en zonas devastadas. Ante cualquier desastre natural, guerra o cualquier tipo de desamparo las Misioneras de la Caridad acudían de inmediato. Tenían claro que en cuantos más frentes actuaran, mucho mejor. Si el gobierno, las organizaciones, los particulares, las hermanas... si todos se unían para hacer algo ante estas tragedias, entonces se empezarían a ver los frutos del trabajo.

En todos aquellos lugares donde las Misioneras decidieron abrir una casa, al menos durante el tiempo que vivió la Madre Teresa, que fueron muchos años, nadie intentó hacerles daño (es importante aclarar que estamos hablando de las primeras cuatro décadas de la congregación). En Nueva York, donde eran habituales los enfrentamientos y luchas entre grupos, donde las manifestaciones de odio eran diarias y donde el sufrimiento ocupaba las calles, en esta ciudad las hermanas se movieron con absoluta libertad. Allí donde nadie quería ir por miedo, ellas se desplazaban y trabajaban sin temor. En la India, en Calcuta, sucedía lo mismo y la historia se repetía en todos los lugares del mundo donde crearon un hogar, por conflictivo que fuera se encontraban a salvo y eran respetadas. Desgraciadamente, desde la muerte de la Madre Teresa la situación ha empeorado a este respecto. Al año de su muerte, en 1998, tres hermanas fueron asesinadas en Yemen. Salían del hogar que tenían en Hodeida cuando un árabe fundamentalista, que regresaba de combatir en Afganistán, las abordó y las mató a tiros. Se detuvo al asesino y lo único que lo podía salvar de la pena capital era la argumentación de un trastorno mental. No hizo falta porque la hermana Nirmala (sucesora de la Madre Teresa, a lo que ya llegaremos más adelante) pidió su absolución. Y lamentablemente los hechos se volvieron a repetir, esta vez en Sierra Leona. En enero de 1999 seis hermanas estuvieron secuestradas en Freetown. Cuatro fueron asesinadas, tres de ellas murieron en el tiroteo y una semana más tarde la cuarta hermana no logró sobrevivir a las heridas y murió. A los pocos días, las otras tres hermanas fueron liberadas, junto con un misionero javeriano y algunos otros rehenes. Como cualquier persona en esta situación, las hermanas sufrieron todo tipo de calamidades, hambre, sed y enfermedades. Sin embargo, una vez más pidieron que no se condenara con la muerte a los culpables. En las navidades del año 2002 las hermanas solicitaron volver a

Makeni, otro lugar de Sierra Leona de donde tuvieron que salir cuando los rebeldes asaltaron la ciudad, pero en algún lugar de su corazón aún guardaban la esperanza de volver a Freetown.

En general, todo el mundo reconoce y respeta la labor de los Misioneros y Misioneras de la Caridad, sólo que tal y como evoluciona el mundo, estos actos violentos son cada vez más frecuentes, y no siempre tienen una casuística. De momento podemos hablar de acontecimientos puntuales y las hermanas prosiguen trabajando en gran parte del planeta, en lugares igualmente conflictivos sin que se hayan registrado nuevos altercados.

Como en todo, y sin excepción en la obra de la Madre Teresa, cada hecho, individual o global, era, y continúa siéndo, susceptible de opinión. Un buen día, un sacerdote (cuenta la Madre Teresa que con su mejor intención y siempre preocupado de lo mejor para *la obra*) le preguntó a la Madre si no era más oportuno que la expansión no se produjera tan velozmente y centraran sus fuerzas y energías en consolidar mejor lo que hasta el momento habían conseguido. *Sin lugar a dudas continuaremos abriendo nuevas casas allí donde haga falta, donde nuestra presencia sea requerida, porque se nos pide sin cesar que abramos nuevos centros, además de en la India, en otros países*; le respondió con rotundidad la Madre Teresa. Es más, la Madre consideraba que si se llamaban Misioneras de la Caridad era precisamente para difundir las buenas noticias, sin importar el lugar del mundo del que se tratara. La labor de los misioneros consistía en llevar el amor de Dios a cualquier parte del hemisferio, *en cualquier lugar donde la voz de Dios te llame*. Y así lo hicieron, a pesar de las voces en contra y de muchas a favor.

El criterio para abrir nuevas casas dependía del grado de necesidad. Primero acudían donde más las necesitaban espiritualmente, donde veían que las gentes podían obtener beneficio de su trabajo, en definitiva donde se necesitaba la presencia de la Iglesia y donde existía la esperanza de crear nuevas vocaciones. También abrieron otros centros como muestra de gratitud por la ayuda prestada de algunos países.

La Madre Teresa siempre inauguraba las casas nuevas que se abrían e intentaba visitarlas una o dos veces al año. Según aumentaban el número de hogares disminuían el número de visitas de la

Madre ya que le era prácticamente imposible abarcar éstas y otras actividades. De hecho, era y sigue siendo necesario un sistema por medio del cual hubiera responsables en cada hogar. Primero porque la Madre Teresa no podía con todo, y segundo porque era una manera de ir buscando una solución rigurosa y efectiva para el día en que ella no estuviera (como ocurre ahora). Dada su condición de religiosas, estimaban que la mejor opción era regirse bajo las leyes de la Iglesia

Lo primero que hacía al llegar a una casa nueva era comprobar si estaba en consonancia con el espíritu y la letra de las Constituciones, continuamente insistía a las hermanas acerca del compromiso especial que tenía con la pobreza. Al igual que disminuyeron las visitas de la Madre según crecía el número de centros, también hubo que disminuir el número de hermanas por cada casa hasta el punto de no podía haber más de cuatro hermanas en cada nueva fundación. En las primeras Constituciones se establecía que en cada casa debían vivir como mínimo siete hermanas, paulatinamente el número se fue reduciendo a seis, luego a cinco, hasta llegar a cuatro. Solución que se adoptó dada la continua solicitud de nuevas casas, eso sí las nuevas Constituciones advirtieron que tampoco hubiera menos de este número.

Jamás fue un impedimento para ellas la falta de medios económicos a pesar de que cada vez era mayor la demanda. Confiaban en la providencia y sabían que los medios les llegarían siempre, de un modo u otro. Los recursos no suponían un problema, sin embargo, para la apertura de nuevos centros la Madre Teresa sí planteó tres condiciones que no tenían que ver con la falta de medios, pero sin las cuales no era viable una nueva casa.

—*Las hermanas debían trabajar entre los pobres.*
—*Tenían que disponer de tiempo suficiente para la oración común y privada.*
—*Y se les tenía que asignar como director espiritual un sacerdote de sólida doctrina y de probada virtud.*

Esta última, era la condición que la Madre le ponía a los obispos, había que garantizar atención espiritual a las hermanas, es decir, que tuvieran opción a la confesión así como instrucción religiosa.

A finales de 2002, la congregación de las Misioneras de la Caridad contaba con 697 fundaciones en 131 países. En una circular de la hermana Nirmala, del 26 de noviembre de 2002, decía que *no cesan las invitaciones de obispos que solicitan nuestra presencia en su diócesis.* También decía que de las 697 casas, 103 habían sido fundadas después de la muerte de la Madre Teresa. Una prueba fehaciente de que la obra seguía su curso y así lo iremos comprobando a lo largo de estas páginas.

PARTE III.   JUVENTUD
IV.   LOS NIÑOS

4.1.   Shishu Bhawan. Un hogar para los niños

Nirmala Shishu Bhawan está en Lower Circular Road. Es el nombre por el que se conoce los hogares infantiles de las Misioneras de la Caridad en la India. Allí han albergado tanto a bebes recién nacidos como a niños de hasta siete años. Una o dos hermanas se encargaban de dirigir estos centros con la ayuda de novicias y voluntarios. El Shishu Bhavan de Calcuta era un sitio que suponía la última esperanza para muchas personas, ya que la mayoría de los problemas que presentaban estos niños no se atiendían en hospitales. Los padres no tenían posibilidades económicas, o son niños huérfanos, muchos padecían enfermedades incurables y la familia carecía de las condiciones necesarias para su cuidado porque el padre había muerto y la madre trabajaba a lo largo de todo el día…, algunos niños llegaban a este centro al borde de la muerte por abusos de drogas durante el embarazo, o habían sido prematuros. Los casos eran muy variados, eso sí, todos tenían en común unas circunstancias muy adversas que les hacían acudir al hogar infantil de la Madre Teresa como único recurso.

El centro se componía de diversos edificios de considerable altura. Nada más entrar, estaban las oficinas de adopción y las clínicas de día donde los pobres acudían con sus niños. Ya en el interior había un pequeño patio, una sala para jugar y darles de comer y las habitaciones tanto de los bebés como de los niños pequeños. Además de cuidar a los niños que residían en el hogar, disponían de una sección para pacientes externos. A la semana, tres médicos podían atender entre mil y dos mil pacientes semanales. En la planta baja del centro había una cocina que se encargaba de alimentar a más de mil personas cada día. Casi siempre son mendigos que sólo confían en este lugar para recibir una comida caliente al día.

Los motivos por los que estos niños vivían en Shishu Bhawan eran dramáticos, sin embargo el ambiente del hogar era cálido y acogedor y aunque nos lo imaginemos de otra manera, se respiraba alegría. Los chavales jugaban y se divertían y las monjas se esforzaban porque su entorno fuera el más adecuado posible, el más parecido al que hubieran podido tener estos niños en sus casas.

Los Shishu Bhawan solían estar cerca de conventos por aquellos pequeños que requieren cuidados constantes. El número de niños que regentaba cada hogar no estaba determinado y dependía de la capacidad del edificio, por eso, si había suficiente espacio, en algunos se instalaba un jardín de infancia. En general, la mayor parte de los niños iba al colegio más próximo; de los costes, tanto de material escolar, como del uniforme, se encargaban las Misioneras de la Caridad.

Una de las cosas que siempre intentó la Madre Teresa fue crear un Shishu Bhawan al lado de cada centro de leprosos que hubiera; aunque los padres no pudieran besarlos, al menos podían sentir su cariño.

Mucha gente le llegó a preguntar a la Madre Teresa si merecía la pena dedicar tanta atención y tanto esfuerzo a niños para los que se sabía que la muerte estaba asegurada pues no se podía hacer nada por ellos. Quien preguntaba esto no conocía a la Madre Teresa, para ella todo el mundo tenía derecho a morir acompañado y a sentir el calor humano de un semejante. Y los niños no eran una excepción; es más, los niños eran su debilidad, y con más razón debían estar atendidos y llenos de cariño. En breve veremos hasta qué punto luchó por esta causa. *Todo el mundo sabe en Calcuta que estoy dispuesta a acoger a todos los niños. A menudo digo: Si hay algún bebé no deseado, no lo dejéis morir. Dádmelo a mí.*

4.2. El aborto y la planificación familiar. Un asunto controvertido

El aborto y la planificación familiar ha sido un tema especialmente controvertido y polémico dentro de la obra de la Madre Teresa.

La Madre estaba radicalmente en contra del aborto, su amor por los niños era infinito y tenía la plena convicción de que podía hacerse cargo de cuantos niños no deseados hubiera, aunque todo el mundo sabía que eso no era factible. Acostumbraba a decir: *Nunca he rechazado a un niño. Nunca. Ni uno. Cada niño es un tesoro. Ha sido creado por Dios.* Se oponía a cualquier tipo de planificación familiar y a cambio proponía *la planificación familiar natural*, que consistía en que las parejas practicaran la abstención y el autocontrol; defendía que esto suponía *amor y respeto por cada uno*. Sin embargo este método no resultó ser lo exitoso que la Madre Teresa argumentaba. Aunque a las parejas se les explicaba el método Ogino y se les daba cuentas para que supieran cuál era el momento más seguro del ciclo, había desajustes ya que, en muchas ocasiones, no se trataba de una información certera. Además de los fallos obvios del método, no era algo aplicable a todo el mundo, para las prostitutas o madres solteras no era un procedimiento viable. Es por eso, que una de las críticas más duras hacia la Madre Teresa, fue que no hubiera empleado su influencia para promover un control de la natalidad en países donde imperaba, e impera, el delicado problema de la superpoblación. La propia Madre, no tenía respuestas para las dificultades que les ocasionaban a muchas familias hindúes tener exceso de hijos, pero tenía fe en sus creencias.

A las dificultades anteriores había que sumarle que el aborto era una realidad y una opción para mucha gente y no siempre se hacía en las mejores condiciones. En gran parte de las ciudades asiáticas, sudamericanas y africanas, no había unas instalaciones apropiadas para esta práctica donde las infecciones y enfermedades eran un grave riesgo para la madre. A pesar de estos argumentos, la Madre Teresa siempre se mantuvo firme en su postura, se puede decir que fue su discurso más radical donde no permitió concesiones; su fe en la doctrina católica sobre este asunto era inamovible.

No tenía ningún reparo en pronunciar discursos en contra del aborto allá donde iba, aprovechaba sus visitas a Estados Unidos y Europa para dar su opinión al respecto. Sus palabras más duras fueron con este tema, llegó a decir que el mayor enemigo de la paz era el aborto y no la guerra, catalogando incluso al aborto de *guerra directa*, porque significaba el asesinato cometido por la propia madre. La Madre expuso que el egoísmo llegaba a sus máximas consecuencias cuando se practicaba el aborto por razones de placer o por pura comodidad. Cuando por el temor de no darle a un hijo la educación deseada, o para no tener que alimentar una boca más, se buscaba el aborto como solución, opinaba que estábamos ante los países verdaderamente pobres. Achacaba esta práctica a Occidente, porque en la India la gente podía abandonar a un niño detrás de un contenedor, pero nunca quitarle la vida. Era consciente de que su postura no era aceptada por la mayoría de la gente, y que incluso algunas organizaciones católicas tampoco estaba de acuerdo con su opinión, sabía que no contaba con el apoyo de medios de comunicación, intelectuales y gobiernos… a pesar de todo su discurso nunca se modificó. En su recepción del Premio Nobel, o en las celebraciones del cuadragésimo aniversario de las Naciones Unidas, en cualquier acto que consideraba oportuno exponía sus firmes pensamientos sobre el aborto y el control de la natalidad. Les hablaba del hambre y la desnutrición, de que no eran las únicas causas de muerte, se tenía miedo del sida, pero no había miedo de matar a un inocente. Nunca sus discursos se alejaron de esta línea. Ante esta realidad, la Madre Teresa aportó una solución importante y trascendente: La adopción.

Las Misioneras de la Caridad tienen otros hogares infantiles en Calcuta. La multinacional Imperial Chemical Industries se trasladó y donó el terreno a la Madre Teresa, allí se creó el Prem Dann. Cerca del aeropuerto Dum Dum está el Nirmala Kennedy Center de ascendencia irlandesa y subvencionado por la familia Kennedy. También el Howrath Shishu Bhavan, en las inmediaciones de la estación central de ferrocarril.

4.3. Acogida y adopción. Dos prácticas cada vez más extendidas

Los niños fueron una de las causas por las que más luchó la Madre Teresa a lo largo de su vida. Hizo todo lo posible por encontrar alternativas para los pequeños que se encontraban abandonados, enfermos, o en la indigencia. Sabiendo cuál era su postura ante el aborto, buscó diferentes soluciones y posibilidades de vida para estos chiquitines. La primera consistió en escribir a los hospitales y a las clínicas (de esto se encargaban las Misioneras de la

Caridad junto con la Madre Teresa) para informar de un asunto que estimaban de vital importancia. Se trataba de comunicar que en sus hogares para niños podían acoger a todos los que hiciera falta, tanto si estaban sanos como si padecían una grave enfermedad. Sabían que muchos procedían de situaciones delicadas, y por eso garantizaban que no se inmiscuirían en las causas de esa situación, no habría preguntas. Además ofrecían a las madres embarazadas la posibilidad de trabajar en los diferentes centros hasta que tuvieran a los bebés, así se podía evitar que continuaran en las calles e intentaban por todos los medios que, con su ayuda, se quedaran con los niños al nacer. Sin embargo, en muchas ocasiones estos intentos resultaban fallidos, o bien las madres no tenían la suficiente capacidad para cuidarlos o en último término no se llegaba a convencerlas, en estos casos las hermanas acogían a estos niños por completo y se esforzaban por darles una situación lo más parecida a la que hubiera supuesto el estar con su familia.

Los Hermanos Misioneros de la Caridad (de los que también hablaremos) albergaban a aquellos niños que eran demasiados mayores para ser adoptados (también los que son hermanos para no separarlos), éstos residían en los Hogares para Muchachos. Aquí lo más característico es que cuentan con un *padrino* para que se encargue de su educación, porque en los Hogares para Muchachos se pretende que los chavales aprendan un oficio e incluso algunos lleguen a ir a la Universidad. Para las chicas, que no desarrollan aptitudes para el estudio, hay otra alternativa: el matrimonio. Independientemente de que se considere si ésta era o no la mejor opción, la Madre Teresa era tremendamente práctica, y sabía que la única manera de garantizarles un futuro era intentando casar a estas chicas a través de la costumbre hindú, porque si no era casi imposible. Para eso les daban una pequeña dote a cada una: saríes, utensilios, muebles y algo de dinero en una cuenta que abrían a su nombre. Después, de un modo u otro, la Madre Teresa continuaba al lado de estas chicas, entre otras cosas porque ellas seguían visitando a la Madre y a las hermanas siempre que podían.

Otra salida para estos pequeños era la adopción. La India ha sido, y es, un país donde se adoptaban muchísimos niños, de hecho todos los días había familias que se acercaban a los hogares de las

Misioneras para adoptar a un niño. La adopción, tanto en la raíz como en la forma, ha ido evolucionando. En un principio sólo se demandaban niños y además se tenía muy en cuenta su belleza, pero eso, afortunadamente empezó a cambiar: las características físicas cada vez importaban menos y surgió una práctica impensable en aquellos momentos, comenzaron a adoptar sin que la familia los hubiera visto previamente y sin saber si se trataba de niños o de niñas. Uno de los diversos problemas sociales que había en la India tenía que ver con esto, a las niñas se las consideraba la riqueza de otra persona, *paraya dhan*, ya que desde el momento en el que se casaban se unían a otra familia. Cuando la clase media empezó a aceptar a las niñas, entonces ya no resultó tan complicada la adopción de chicas. El problema de las niñas se solucionó, lo que todavía persiste es la dificultad de aceptar como un miembro más de la familia a niños incapacitados.

La adopción en la India evolucionó tanto que rompió las fronteras de una sociedad tan estratificada que aún no había conseguido disolver el sistema de castas. Así que se puede tildar de auténtica revolución lo que la Madre Teresa consiguió con la ayuda de la primera ministra Indira Gandhi. Ocurrió que Gandhi había aprobado una ley por medio de la cual aquellas familias que tuvieran en su haber grandes porciones de tierra y no tuvieran hijos debían desprenderse de ellas. Entonces, las familias pensaron que una de las mejores soluciones para no desprenderse de sus posesiones era adoptar, de hecho ésta fue una de las principales causas por las que la adopción de niños aumentó considerablemente. Pero lo verdaderamente importante, lo que rompió los esquemas existentes fue que se adoptaron a muchos de los niños de los hogares mediante la ley hindú, es decir por las mejores familias. De acuerdo con la doctrina social de castas, tanto la Madre Teresa, como las Misioneras de la Caridad, como los niños que acogían, pertenecían a la casta llamada de los intocables. Con la nueva legislación india, el niño que era adoptado, asumía un parentesco de carne y sangre con la familia que lo adoptaba superior a la que pudiera adquirir en cualquier otro país del mundo, y entraban directamente a formar parte de las mejores familias. Para una familia brahamana (una familia de clase alta) acoger a estos niños suponía un vuelco tremendo en la estructura social india, y ahí estaba el milagro de la Madre Teresa.

80

En el camino de la adopción se encontraron con otros problemas. En concreto hubo una práctica que le trajo muchos quebraderos de cabeza a la Madre Teresa. Existía la costumbre de enviar niños al extranjero para que se les pudiera adoptar, y llegó a oídos de la Madre que en ocasiones se realizaban compra-ventas; es más, algunos reportajes de los medios de comunicación le hicieron detener esta iniciativa por un tiempo. Hasta que enfermó, la Madre acompañaba a los niños para su adopción en el extranjero, como resultaba muy caro se las ingenió para viajar gratis. Ideó una propuesta original e irrechazable: se ofreció como azafata para servir en el vuelo, algo único porque desde entonces recibiría los billetes gratuitos.

En Europa y Norteamérica había agencias de adopción que trabajaban de cerca con las Misioneras de la Caridad, en estos países también había misioneras cuya única tarea era buscar un hogar para aquellos casos más difíciles que eran los niños minusválidos. Para este tipo de adopciones, se hacía una selección muy seria antes de entregar estos niños a una familia, de esta manera se pretendía que la adopción resultara lo más exitosa posible intento que el margen de error fuera mínimo. Hubo múltiples familias que adoptaban a niños con diferentes tipos de minusvalías, las que adoptaban a niños incapacitados de la India, sobre todo de los hogares de la Madre Teresa, se llamaban familias Diwali. Diwali era un festival tradicional de luces de la India donde se celebraba el regreso del Señor Rama a su reino tras doce años de exilio, la celebración se hacía hasta en los hogares más humildes. Había familias que adoptaban niños talasémicos (con exceso de hierro en la sangre) y familias que habían llegado a tener hasta tres niños adoptados con minusvalías además de sus tres hijos naturales; algunas hasta habían adoptado seis niños, unos huérfanos por la guerra y otros sordomudos. Son hechos que no pueden pasarnos desapercibidos porque estos actos están cargados de grandeza y de una generosidad ilimitada.

A pesar de la evolución y mejoras, la adopción como proceso nunca fue un trámite fácil y sencillo, las diferentes legislaciones tenían y tienen sus propias reglas y modos de control y eso hacía que los preparativos no resultaran tan rápidos como la mayoría de la gente deseara. Aún así han sido numerosos los países donde han adoptado los *Niños de la Madre Teresa,* como algunos los llaman.

Estados Unidos, Francia, Italia y Reino Unido son algunos de los países que han adoptado un mayor número, en España ya hay también un gran número de estos niños. Según han relatado los padres que adoptaron a pequeños de los hogares de la Madre Teresa, el proceso de adopción fue absolutamente limpio en todo momento y además han resultado ser los niños mejor preparados para su inserción social y psicológica en un nuevo entorno familiar, incluso religioso. Estos padres también nos han hecho partícipes de otra realidad. Muchos de estos niños consideraban a la Madre Teresa como su «otra madre», lo cual estos padres entendían porque eso era la señal del cariño y comprensión que habían recibido. Al final, algunos de estos niños tenían tres madres: la que, generalmente, no habían podido conocer, la Madre Teresa y su madre adoptiva. En ningún caso se trataba de una situación provocada por las Hermanas para seguir al tanto de la situación, sino que las propias familias deseaban mantener ese vínculo, hasta tal punto que en ocasiones acudían a algunos de los centros que la Madre Teresa había abierto.

Además de la adopción, otros problemas sociales chocaban con las leyes vigentes. Por ejemplo era contrario tanto a la ley musulmana como a la hindú acoger en la sociedad a aquellas mujeres jóvenes que habían sido víctimas de una violación. Hubo que hacer frente a esta situación y, después de mucha lucha, consiguieron ciertas modificaciones. Se declaró a estas jóvenes Heroínas de la Patria argumentando que habían tenido que luchar en defensa de su pureza y de su país (fue la única manera de que sus propios padres acudieran a recogerlas). A su vez se despertó el interés de algunos hombres que se ofrecieron para casarse con ellas, incluso hubo quien se ofreció para practicarles un aborto, pero la Madre Teresa no lo permitió, el Gobierno de Bangladesh comprendió que ella se iba a hacer cargo de los niños y entonces acordó que sólo abortarían las jóvenes que lo eligieran libremente. El resultado fue que aquellas madres que no quisieron quedarse con los niños los dieron en adopción y muchos de estos pequeños fueron adoptados por familias del extranjero o por parientes cercanos. Una vez más la Madre Teresa apostaba por la vida y en consecuencia por la adopción.

V.   LA LEPRA

5.1.   ¿Qué es la lepra?

Existía una dura realidad social ante la que la Madre Teresa no pudo permanecer indiferente. Como siempre, indagó en las profundidades humanas del problema y buscó soluciones y remedios. En este caso hablamos de una enfermedad que en pleno siglo XXI sigue siendo un estigma. Nos ayudaría a entender la labor de la Madre Teresa el conocer, en términos generales, en qué consiste la lepra.

La lepra es una enfermedad contagiosa que afecta a 12 millones de personas en el mundo. Es uno de los grandes males de la India y de otros países asiáticos y tropicales. La primera descripción exacta de lepra aparece en la India hacia el 600 a.C. desde entonces, la población no ha dejado de ser castigada y maltratada por esta enfermedad.

Lo primero que hay que decir es que la lepra aparece de repente, no avisa. Afecta a la piel y al tejido nervioso. Si la lepra es cutánea o nodular, se forman en la piel grandes masas compactas de tejidos o nódulos llamados lepromas. El problema de los lepromas es que crecen muy rápido y se agrupan, y es eso lo que provoca en algunos casos la mutilación de los miembros. En general, los sitios más frecuentes donde aparecen estos lepromas es en la cara y la frente, por eso la persona que tiene lepra parece tener un aspecto inexpresivo. La lepra cutánea se desarrolla muy rápidamente. Sin embargo, existe otro tipo de lepra, la neural o anestésica, que evoluciona más despacio, incluso a lo largo de los años. La principal característica de este tipo de lepra es que no hay sensibilidad al dolor ya que hay una destrucción de las terminales nerviosas que están más cerca de la superficie del cuerpo. Los síntomas sólo aparecen a través de contusiones, cortaduras o quemaduras, accidentes que deberían causar dolor y por el contrario parece que la zona está anestesiada. La existencia de lepromas y la desintegración nerviosa pueden aparecen al mismo tiempo. Los efectos tienen que ver con el deterioro y degeneración de tejidos, la rotura de los dedos, tanto de las manos como de los pies, o también pueden reducirse de tamaño.

El que la lepra haya sido a lo largo del tiempo una de las enfermedades más desatendidas y marginales tiene que ver con el contagio y con el aspecto físico. Sobre esto hay que aclarar varios puntos. Los médicos dividen la enfermedad en tres etapas. La primera, en la que los microorganismos productores de lepra se hayan en abundancia y forman los lepromas. La segunda supone un periodo relativamente benigno y sin peligro de contagio. Y la tercera etapa es algo inespecífica y tampoco supone contagio. Las investigaciones apuntan que la enfermedad alcanza su máximo grado de infección en la primera etapa, en la lepromatosa, el individuo afectado carece de resistencia a la lepra y la destrucción se produce en la nariz, laringe, mucosas y la piel. Es importante saber que para que la enfermedad se transmita hay que convivir de una manera íntima y prolongada, como implica el hecho de vivir en familia. Es decir que darle un abrazo a una persona leprosa o tocarle la mano, no siempre es sinónimo de contagio según es la creencia generalizada. Lo que no se puede precisar es el tiempo que transcurre desde que una persona está contagiada hasta que aparecen las primeras manifestaciones, y ahí es donde verdaderamente está el peligro. El mal afecta al sistema inmunitario, por lo tanto si nuestro sistema inmunitario es fuerte no nos contagiaremos. Otro prejuicio es que la lepra no tiene cura, hay que luchar contra la falsa premisa porque si se trata en sus primeras etapas puede desaparecer todo resto de la enfermedad; se han conseguido muy buenos resultados en algunas colonias de leprosos. Al mismo tiempo, es necesario matizar que estos resultados sólo se obtuvieron en aquellas personas que no tenían lesiones en cartílagos, nervios y ojos, con una buena medicación y extremada vigilancia. No es una enfermedad mortal, lo que ocurre es que desde que aparecieron las primeras manifestaciones hasta hace apenas unas décadas no ha habido remedios efectivos. En general, la lepra se está combatiendo y está en regresión en muchos países, pero todavía queda mucho por hacer en algunos lugares como Corea del Sur, allí se puede decir que la situación es tan grave como en la Edad Media. Hay más de 30.000 leprosos registrados, algunos viven en leproserías y la mayoría están aislados del mundo, en cabañas solitarias. La ignorancia y la pobreza son las dos causas principales para que la lepra se siga propagando, sobre todo entre los niños desnutridos de las chabolas, que hoy por hoy siguen siendo las principales víctimas.

Decíamos que actualmente hay alrededor de doce millones de casos de lepra en el mundo. Su mayoría están en Asia, África, Sudamérica y Oriente Próximo, por alguna razón que aún se desconoce la lepra despareció de Europa en el siglo XVI. En los lugares más afectados por esta enfermedad se han creado centros para ayudar a los afectados por la lepra, aunque en los últimos tiempos ha habido importantes avances, todavía queda mucho por hacer. Los programas gubernamentales no son todo lo eficaces que debieran, entre otras cosas, por la falta de medios, tanto económicos como personales. Por otro lado, el gran esfuerzo de los voluntarios no es suficiente.

5.2. Gandhiji Prem Niwas y otros centros para leprosos

Ante esta dura realidad social, la Madre Teresa intentó buscar una solución y Gandhi ofreció una vía de salida muy importante. Además de lo que suponía padecer una enfermedad de este tipo que podía ocasionar la muerte, las consecuencias y el desarrollo de la misma eran especialmente crueles. A la Madre le dolía el rechazo social, que los enfermos tuvieran que estar aislados hasta de sus propios hijos, le dolía el complejo que conllevaba las fuertes deformaciones físicas, y la imposibilidad de poder ganarse la vida por ellos mismos. Le dolía su soledad ya que dependían absolutamente de los demás y estaban solos.

Lo que con el tiempo se convirtió en un centro para leprosos (Gandhiji Prem Niwas) era en su origen una zona de chabolas. La principal línea de ferrocarril pasaba por allí, y las chabolas estaban dispuestas en ambos lados, siguiendo las vías del tren. Cuando brotaron los primeros casos de lepra, las gentes que allí vivían fueron expulsados inmediatamente, ni siquiera se les permitió vivir en un lugar que era casi como la calle. La marginación había llegado a sus condiciones más extremas, tenían que trasladarse y finalmente lo hicieron al término de la ciudad, cerca de un pantano y de los vagones de tren. Nadie quería acercarse por allí por miedo al contagio, ni la propia policía se hacía cargo de la situación; como resultado abundaban los robos, la delincuencia y el grado de violencia era muy alto. Los leprosos no tenían donde acudir, en Titagarh, no había clínicas u hospitales que quisieran admitirlos y los médicos tampoco les atendían, a pesar de que necesitaban tratamiento. Por consiguiente la enfermedad cada vez se propagaba a más velocidad, no recibían atención médica y no existían condiciones higiénicas. Algunos enfermos se enteraron de que en Calcuta se podían proveer de medicinas y en cuanto podían hasta allí se desplazaban en busca de algún posible alivio. Fue precisamente en Calcuta donde oyeron hablar de la Madre Teresa.

Todos los miércoles, la Madre ponía una clínica móvil para atender a los leprosos a las afueras del convento de Loreto en Entally, las hermanas repartían medicinas y vitaminas de manera gratuita mientras que a los que tenían desnutrición se les daban paquetes de comida. La buena nueva se propagó a gran velocidad y, en muy poco tiempo, muchas familias de Titagarh lucharon por ir cada semana a la clínica móvil de Calcuta, los que no iban era porque no podían pagarse el transporte. Como también había niños recién nacidos afectados y era muy difícil desplazarlos muchas voces empezaron a pedir a la Madre Teresa sin cesar que abriese una clínica allí. Cuando la Madre fue a Titagarh por primera vez, comprendió la urgencia de abrir una clínica en aquel lugar. En 1974 les concedieron el terreno para construir un centro, se utilizó como cobertizo cerca de las vías del ferrocarril, pero la idea no prosperó porque las circunstancias eran realmente adversas. No había agua, ni electricidad, ni alcantarillado, carecían de techos para protegerse del frío y de las fuertes lluvias que ocasionaba el monzón; para colmo había que eliminar la cantidad de ser-

86

pientes que vivían en los pantanos. Los Hermanos Misioneros de la Caridad serían los más adecuados para desempeñar esta ardua tarea. Fue realmente complicado porque además de las dificultades anteriores había pandillas de delincuentes a los que el cambio no les interesaba, las disputas no tardaron en llegar, y se produjo una división entre los que estaban a favor y en contra. A pesar de los impedimentos, los que deseaban un cambio comenzaron a construir un conjunto de albergues y el resultado fue tan positivo que cuando estuvo terminado nadie volvió a entrometerse y se pudo unir al proyecto todo aquél que quiso: mujeres, hombres y hasta niños. Es así como empezó la creación de un centro específico para los enfermos de lepra llamado Gandhiji Prem Niwas.

Gandhiji Prem Niwas se convirtió en un lugar muy distinto de lo que era en sus inicios, ahora los edificios estaban pintados de colores vivos y alegres como rojos, azules y verdes, y se respiraba un aire nuevo. El complejo de Titagarh se disponía de la siguiente manera: las viviendas estaban en los edificios principales, después había un pasillo tremendamente largo y muy estrecho que se acondicionó como centro de rehabilitación y producción. Se habilitó un área para montar un hospital, con separación entre hombres y mujeres, y también hubo lugar para una cafetería. Desde la estación de ferrocarril de Titagarh hasta la otra estación, la de Carda, es decir un kilómetro y medio siguiendo la vía, se instalaron pequeños módulos.

El tratamiento médico consistía en suministrar medicinas y comida, así como la correspondiente cirugía y hospitalización en caso necesario; todo completamente gratuito. Era vital no interrumpir los tratamientos, por lo que si se acababan las medicinas (las más costosas solían ser donativos del extranjero), había que buscarlas hasta encontrarlas en el último rincón y comprarlas donde fuera, si no se corría el riesgo de que se produjeran complicaciones. La atención médica y una posible recuperación eran los principales objetivos, pero al mismo tiempo se pretendía que pudieran desempeñar algún tipo de actividad en la sociedad, el sentirse útiles era fundamental, primero dentro del centro, el segundo paso era que también lo consiguieran fuera. En el área de producción y rehabilitación los pacientes tejían los característicos saríes blancos con la franja de tela azul que identificaban a las Misioneras de la Caridad, había docenas de telares. Las mujeres hilaban en los *charkhas* (palabra hindú que se utilizaba para denominar el torno de hilar). Muchos tenían importantes deformidades, pero en contra de lo que pudiéramos pensar, eso no les impedía hacer cualquier tipo de trabajo, desde hilar hasta las tareas domésticas.

Y así fue como una zona pantanosa, inundada de chabolas, se convirtió en Gandhiji Prem Niwas, también *Morada de Amor* o Centro de Leprosos de Titagarh. Un lugar cargado de esfuerzo y de sacrificio, tanto para los que lo levantaron en el año 1958 como para los que lo habitan en la actualidad.

Gandhi está presente en la historia del centro por muchas razones, la principal es que fue una de las figuras claves que luchó, además de por la libertad, por los más desfavorecidos de la sociedad entre los que se encontraban los afectados por la lepra.

En aquella época fueron cuatro millones los que tuvieron que recibir una atención médica especial, de hecho a Gandhi lo asesinaron el 30 de enero de 1948, y ese día fue el que se estableció como el día de los leprosos en la India. De ahí que su nombre aparezca reflejado en la propia denominación del centro. En referencia a los antes mencionados *charkhas,* decir también que para Gandhi, se convirtieron en la principal arma contra la economía extranjera que se iba adentrando en el país. Intentó combatir esta penetración poniendo en una posición preferente las telas de algodón sencillo que se tejían en los *charkhas* por los más pobres entre los pobres, de manera que las telas importadas que eran mucho más caras fueran en detrimento. El movimiento tuvo gran aceptación y le dio empleo a millones de personas, eso lo transformó en un símbolo para la liberación de la India.

En Titagarh hay un lema escrito junto a una fotografía de la Madre Teresa y del hermano Andrew, el cual durante un tiempo dirigió el proyecto de los Hermanos Misioneros de la Caridad que dice algo así: *No hay leprosos, tan sólo lepra, y es curable.*

En el estado vecino de Bihar, se creó otra *morada de paz* o centro de leprosos. Se llamó Shantinagar y se ubicó en lo que originariamente era selva, a 264 kilómetros de Calcuta, y a tan sólo 24 de la ciudad de Asansol. En 1961, el gobierno de Bengala Occidental le dio ese terreno a la Madre Teresa por medio de un contrato de treinta años por el que tendría que pagar cada año la simbólica cantidad de una rupia. Fue un proceso muy difícil sobre todo por las condiciones del lugar: una gran extensión de terreno sin cultivar donde además tampoco podían invertir dinero. Pero la Providencia se puso de su lado de nuevo y ocurrió algo que nunca se hubieran imaginado. En 1965, el Gobierno invitó al papa Pablo VI a conocer la India. El pontífice hizo toda la visita en una limusina que le había regalado especialmente el pueblo americano para la ocasión. Con ella fue a muchos lugares, sin embargo hubo uno que le impresionó sobremanera, se trataba del Hogar para los Moribundos de Kalighat en Calcuta (del que también hablaremos a continuación). Entonces Pablo VI decidió que donaba su limusina a la Madre Teresa como aportación a la obra que las Misioneras estaban haciendo en la India. Muchos no hubieran sabido qué hacer con aquella pieza hoy de coleccionista pero a la Madre Teresa en seguida se le ocurrió una idea: ¡subastarla! Con la rifa consiguió una buena suma de dinero que fue a parar directamente a los primeros ladrillos del centro de leprosos en Shantinagar. Lo más inmediato era la construcción del edificio principal del hospital. A los dos años se había terminado el centro de rehabilitación, las pequeñas casas para los pacientes leprosos, que ellos mismos se encargaron de edificar, y un hospital, es decir, estaban terminados los edificios principales. El objetivo de este centro, y de cualquiera que se dedicara a los enfermos de lepra, era que los pacientes tuvieran la mayor independencia posible y que fueran autosuficientes para así en un futuro poder reemprender una vida normal. También que allí pudieran acudir los afectados a recibir tratamiento, una orientación médica, asesoramiento, y se les pudiera enseñar a hacer uso de sus miembros. Su propósito principal era que todo el que lo necesitara pudiera ir a estos centros de las misioneras con independencia de sus creencias y religiones, ya que sólo se trataba de ofrecer calidad de vida y una posible curación.

El mayor sufrimiento para los leprosos venía del rechazo, de comprobar que nadie quería estar con ellos, la gente no deseaba tenerlos cerca, ni hacerles compañía. Por eso era tan importante que los enfermos aprendieran a cuidar su cuerpo deformado, y que los que tenían la enfermedad muy avanzada, así como los ancianos pudieran vivir lo que les quedara con dignidad y en paz. Por lo que respecta a los no afectados, era muy importante aprender a no huir de este tipo de enfermos.

En 1968 llegó a dar vida al hogar de Shantinagar la hermana Francis Xavier. Ella y un grupo de monjas jóvenes comenzaron rápidamente a trabajar para que aquel inhóspito lugar se convirtiera en un lugar cálido y agradable. Utilizaron el agua de una presa próxima para plantar flores, árboles frutales, llenaron de vegetales una huerta entera y un gran estanque con peces con la idea de darles proteínas a los que estuvieran más desnutridos. Para que los primeros visitantes pudieran ser autosuficientes desde un principio, esto se hizo cuando en el hogar aún no residía nadie. A los primeros en llegar ya se les enseñó a hacer ladrillos para construir lo que serían sus casas, un sencillo diseño que se asemejaba a los de la arquitectura rural. A continuación se creó un hogar para los niños cuyos padres estaban infectados, así podían estar cerca de ellos pero evitando el contagio, era un Shishu Bhawan. A los padres enfermos de lepra se les preparaba para que nada más nacieran sus hijos, los entregaran a las hermanas. Era duro, pero intentaban que comprendieran que sólo lo hacían por su bien, porque no había otra forma de evitar el contagio. Los hogares infantiles en centros para leprosos era una manera de que pudieran seguir en contacto con sus hijos, de que los tuvieran cerca. Al menos se les permitía verlos sin que eso supusiera un riesgo, lo que no podían hacer era tocarlos. Se pensó también en un hospital dotado con una unidad de cirugía reconstructiva y equipada con prótesis y aparatos ortopédicos, de esto se encargaron tres médicos que venían cada quince días de Asansol, no cobraban las cirugías reconstructivas y lo más curioso es que no compartían la fe de las hermanas.

Persiguiendo siempre la autonomía del paciente se buscó que pudieran realizar otras muchas actividades: plantaban arroz, tejían cestas, cultivaban la huerta, incluso crearon una pequeña granja avícola. Tanto los pacientes infecciosos como los que no lo eran, los que tenían deformidades, todos trabajaban en proyectos comunitarios con un gran sentimiento del deber. No se dejaba tirar nada, absolutamente nada, habían pensado en todo. Una planta llamada *gober gas* se ponía al lado de los establos para eliminar el olor de las heces, el gas se utilizaba por medio de una canalización para la cocina y los centros de comunidad. Había cocoteros de los cuales se aprovechaba la leche que era rica en fósforo y con las cáscaras se hacían colchones a un bajo precio. Los árboles de teca servirían para futuras construcciones. Eran autosuficientes y cultivaban sus propios alimentos, pero si había excedentes entonces los donaban a otros hogares.

Tanto las hermanas como los hermanos que cuidan y han cuidado de enfermos de lepra han recibido una preparación especial, asimismo han tomado todas las precauciones necesarias para que no se baraje la mínima posibilidad de contagio. Se intenta que no haya cabida para los riesgos, pero también tienen que estar preparadas por si alguna hermana contrae la enfermedad.

5.3. Una batalla personal

Los desamparados y marginados fueron el foco de atención de la Madre Teresa a lo largo de su vida, pero los afectados por la lepra ocuparon un lugar especial. Había mucho que hacer, desde crear infraestructuras que pudieran habitar, hasta concienciar e informar a la población, pasando por tratar la enfermedad. Luchó por quitarle a esta enfermedad el estigma que se le había impuesto desde hacía siglos, ya antes del nacimiento de Cristo. Porque lo cierto es que ya en los primeros tiempos, desde los momentos de la vida pública de Jesús, los leprosos fueron rechazados, tuvieron que ocultarse y huir, e incluso se les obligó a llevar una campana que avisara cada vez que se aproximaban. En cualquier país que estuviera en vías de desarrollo la Madre Teresa fundó, como poco, un centro para el tratamiento de la lepra. El Gobierno de la India les daba muchos terrenos para rehabilitar a los enfermos de lepra. Las hermanas y hermanos compraban el material y ellos mismos construían sus casas. En otros países, la gente también les daba casas o propiedades para llevar a cabo esta misión. Lo que siempre procuró la Madre Teresa es que los centros estuvieran a las afueras de la ciudad, de esa manera se evitaba la posibilidad de contagio por varios motivos, porque estaban alejados del municipio y por que cuanto más lejos estuvieran menos posibilidades había de que se desplazaran a las ciudades a pedir limosna.

Como en el resto de tareas que fue desarrollando, hasta que los primeros centros vieron la luz y sus propósitos empezaron a cobrar vida, la Madre Teresa sufrió situaciones, que con este tema en particular, tenían mucho que ver con la humillación. Inicialmente había en Calcuta un hospital que se encargaba de los pacientes leprosos, se llamaba Hospital Gobra, aunque se construyó a las afueras de la ciudad, ésta empezó a expansionarse y el hospital cada vez se encontraba más dentro de la urbe con las consiguientes molestias y quejas de residentes y propietarios. El resultado fue que el Gobierno comenzó a recibir presiones para que su cierre fuera inminente porque nadie quería tener cerca un centro para enfermos de lepra. A la Madre Teresa le unía una profunda amistad con el primer ministro de Bengala Occidental, pero a pesar de sus súplicas y esfuerzos, el Hospital Gobra se acabó cerrando. En aquel momento no existía otra institución con esas características a la que los enfermos pudieran acudir, de manera que se quedaron sin ningún lugar donde ser atendidos. Justo entonces fue cuando la Madre empezó con los intentos de buscar opciones nuevas, casi todas fallidas, para estos enfermos. Por fin, un día, las circunstancias se pusieron a favor. Unos benefactores americanos donaron una ambulancia, que la Madre Teresa decidió convertir inmediatamente en clínica móvil, lo siguiente que hacía falta era un médico cuya ayuda desinteresada llegó al mismo tiempo que la clínica, esto era fundamental para empezar a funcionar. Se trataba de un médico dermatólogo, especialista en lepra, que conocía la labor de las Misioneras y pensó que tenía que hacer algo por la obra teniendo en cuenta los conocimientos que él tenía acerca de la enfermedad. El arzobispo Perier inauguró la primera clínica móvil de leprosos en septiembre del año 1957.

La historia del doctor Sen se fue repitiendo en otros centros de una manera similar, porque en Delhi cada miércoles iba un cirujano a efectuar operaciones reconstructivas además de otros tratamientos. Estos médicos ofrecían su tiempo a cambio de nada material, sólo querían que los afectados pudieran mejorar su calidad de vida, su misión era vital porque una de aquellas intervenciones permitía a algunas personas volver a utilizar, por ejemplo, ciertos dedos, un hecho que quizá no resulte muy trascendente pero que podía cambiar la vida de una persona con el simple gesto de poder agarrar cosas con las manos.

Sobre la lepra, la Madre Teresa solía decir:

La lepra no es un castigo; puede ser un regalo de Dios muy bello si sabemos hacer buen uso de él. A través de esta enfermedad podemos aprender a amar a los no amados, a los abandonados; no sólo para darles cosas (estamos obsesionados con dar) sino para hacerles sentir que ellos también son útiles; que también pueden hacer algo porque se sienten amados y queridos, y pueden compartir la alegría de amar. Si lográis desprenderos del miedo, ya habréis hecho mucho.

La idea de que fueran útiles era algo que englobaba todo el proyecto de la Madre Teresa (y de los misioneros y colaboradores), sabía que si eso se conseguía, se lograba parte de su recuperación psicológica y su posible reinserción en la sociedad. Las medicinas eran necesarias pero en la misma medida el hacerles sentir queridos, las dos cosas eran fundamentales.

La Madre Teresa reconoció que en general los Gobiernos se habían portado muy bien con ella, sobre todo en lo que se refería a la donación de espacios públicos para la construcción de centros. De ahí que tuvieran un lugar en Seemapuri, en Delhi donde recogían de la calle a los gravemente afectados, el centro de Titagarh, cerca de Calcuta, y una clínica móvil en Delhi. El protocolo era intentar por todos los medios que las familias permanecieran juntas, de ahí el centro de rehabilitación para los niños que nacían en el seno de estas familias, a los cuales se llevaban antes de que la madre pudiera besarles. En el transcurso de un año, cuando el niño ya se pusiera de pie sería cuando pudieran tener contacto con él, hasta entonces al menos podían ir a verle, que dadas las circunstancias era mucho. Si un paciente con lepra acudía de manera individual, no le trataban hasta que no hubieran visto a toda la familia, sólo entonces decidían quién era el miembro que debía someterse a tratamiento. En estos centros construían sus propias casas, disponían de sus propias tiendas y escuelas. Perseguían esa autonomía tan necesaria para ocupar un lugar en la sociedad una vez se recuperaran mientras que vivían en unión con sus familias, ése era el principal objetivo de las Misioneras de la Caridad: su curación sin el castigo y la pena que suponía el estar lejos de su familia.

5.4. El sida. La lepra de los nuevos tiempos

La Madre Teresa tenía la sensación de que el sida era *la nueva lepra del Tercer Milenio*. Por eso, consideraba crucial este tema y pensaba que había que volcar en él todas las atenciones. Según lo pensó lo hizo y en seguida fue introduciendo a las hermanas en esta labor, entre otras cosas con la creación de casas específicas para los enfermos. La Madre vio que se trataba de una nueva versión de los más pobres entre los pobres.

Una de las hermanas que trabajó con los enfermos de sida en Washington y Nueva York dijo que eran los nuevos santos de la Iglesia, los santos modernos. Este sentimiento le llegó cuando cada uno de estos afectados, personas de carne y hueso (aunque como dice esta monja se les tratara como despojos) se iban acercando a la muerte y por tanto a Jesús. Fue entonces cuando comprendió que sus historias eran las historias de los santos. Como venía sucediendo hasta entonces, todo el que acudía por primera vez al hogar de los enfermos de sida para morir estaba tremendamente asustado. Según pasaban los días, ocurría lo esperado: se iban tranquilizando, notaban el calor de las hermanas y por encima tenían la plena certeza de que no iban a morir solos. A cualquier persona le resultaría muy duro el pensar o saber que va a morir solo, por eso el sentir que alguien se preocupaba por ellos, ver que otras personas les estaban dedicando energía y tiempo, era un gran motivo de alegría, no se sentían despreciados y eso les servía de gran ayuda.

Hay que señalar que en la actualidad, el sida ya no es una enfermedad mortal, pasando a convertirse en muchos casos en una enfermedad crónica.

VI. LOS MORIBUNDOS

6.1. Nirmal Hriday. Un hogar para los moribundos

En las diversas «expediciones de mendicidad» que la Madre Teresa realizaba, sobre todo hablamos de sus inicios (cuando estaba buscando una sede para las Misioneras de la Caridad, un lugar desde donde poner en marcha su obra) se encontró con una realidad devastadora. Era la época en la que estaba viviendo en casa de Michael Gomes y todos los días salía a estar en contacto con los pobres, luchaba por levantar una escuela o una clínica, lo que fuera más urgente dependiendo de la zona. Diariamente se encontraba a gente que yacía y moría en las aceras, no tenían hogar, muchos eran abandonados, otros padecían enfermedades incurables y no tenían dónde acudir, la mayoría no sabían ni quiénes eran. Algunos habían conseguido hacerse tejados con trozos de paja o tela y los habían que sobrevivían a base de limosnas, pero la desnutrición y en consecuencia las enfermedades afectaban a todos por igual. Como los hospitales no incluían estos casos dentro de los prioritarios, las gentes morían en las calles y muchos en soledad. El Ayuntamiento únicamente se encargaba de recogerlos si recibían la notificación de una defunción, entonces enviaban una furgoneta, o en su defecto un carro para recoger el cadáver y una única nota hacía referencia a la muerte de esa persona: nombre desconocido, edad desconocida, religión desconocida.

Una mañana de las muchas que la Madre había salido a mendigar algo colmó su paciencia. Estaba diluviando porque había llegado el monzón a Bengala. Cuando iba en el tranvía vio un hombre tirado debajo de un árbol que estaba empapado de agua. En cuanto pudo, la Madre se bajó del tranvía y acudió a buscarle, pero al acercarse lo encontró muerto. Lo primero que pensó es que ese hombre había muerto solo y que quizá en esos momentos le hubiese gustado decir algo o hablar con alguien. En su cabeza empezó a germinar la idea de encontrar un sitio donde la gente *pudiera morir con dignidad*. A este hecho se sumaron otros muy similares, igualmente terribles e impactantes. Muy determinante también fue un día que la Madre Teresa y una hermana se encontraron a una mujer tirada en la acera: las ratas y las hormigas le habían comido una parte de la cara. Tan rápido como pudieron, la recogieron para llevarla al hospital y una vez allí no quisieron hacerse cargo, que no había camas suficientes fue el motivo que les dieron. Cuando preguntaron entonces qué podían hacer por aquella mujer, la contestación fue tajante: dejarla en el mismo lugar donde la habían encontrado. A la Madre Teresa le pareció intolerable y optó por no moverse del hospital hasta que no la ingresaran; finalmente le dieron un colchón en el suelo, pero no se pudo hacer nada por ella, murió a las pocas horas. La Madre pensó firmemente que había que encontrar un lugar para acoger a los moribundos y a todos como los que aquella mujer eran abandonados en las calles, si hacía falta ella misma cuidaría de ellos. No podía permitir que un hijo de Dios muriera en peores condiciones que un animal. Así es como empezó a hacerse realidad el sueño de la Madre Teresa, un hogar para indigentes moribundos.

El hogar para los moribundos se llamó Nirmal Hriday, y se encargó de regentarlo la hermana Dolores, una monja que formaba parte de la congregación desde hacía casi treinta años. Nirmal Hriday significa en bengalí «Corazón Puro», de manera que fue una denominación con mucho significado para los ciudadanos de Calcuta y a su vez con un simbolismo para los católicos; de hecho se inauguró el 22 de agosto de 1952, fecha que coincidía con la celebración litúrgica católica del Inmaculado Corazón de María. Al igual que la escuela en el barrio de chabolas de Motijhil, Nirmal Hriday comenzó desde el suelo. Precisamente fue en Motijhil donde la Madre Teresa alquiló dos habitaciones, una para el aula escolar y la otra como lugar para los moribundos. Sin embargo, apenas cabían dos o tres enfermos y morían casi al día de llegar con lo que hubo que desechar esta primera idea. Entonces a la

Madre se le ocurrió otra posibilidad, sin dudarlo se presentó en el Ayuntamiento, donde la enviaron a hablar con el director oficial de médicos, el doctor Ahmad, al que le contó la realidad. Le contó que en los hospitales rechazaban a estas personas, negándose a ingresarlas, ella sólo pedía un sitio donde poder alojarlas, el resto lo haría por sí misma. Y lo cierto es que al Ayuntamiento, por motivos distintos, tampoco le interesaba que siguiera muriendo gente en las calles, de manera que el doctor Ahmad pensó en un lugar quizás inusual pero que se adecuaba a los ruegos de la Madre Teresa: le ofreció dos salas anexas al templo de la diosa Kali (la divinidad del terror y la destrucción), al sur de Calcuta, en Kalighat.

El templo de la diosa Kali era el templo más famoso de Calcuta, y en sus proximidades fluye el Ganges, río sagrado de la India. Los hindúes acostumbraban llevar a sus difuntos a ser incinerados a la orilla de este río; en realidad, cientos de devotos iban cada día al templo por diferentes motivos. Unos rezaban para curarse de una enfermedad, otros cumplían una promesa, o participaban en ceremonias como el rapado de los niños, otros realizaban los ritos de iniciación del hilo sagrado para adolescentes, también bodas y ritos funerarios de purificación en los *ghats* ardientes cerca del templo. Y en este enclave se le proporcionaron dos salas a la Madre Teresa. Eran salas anexas al templo que habían sido construidas para los peregrinos que quisieran pasar allí la noche, el Ayuntamiento había recibido noticias de que no se hacía un uso adecuado de las salas, y pensó que al dárselas a la Madre Teresa quedarían los dos problemas solucionados. Sin embargo, no resultó tan fácil como a primera vista pudiera parecer, la gente no quería que aquel fuera el lugar elegido para que los moribundos fallecieran, a esto hay que añadir que se empezaron a extender rumores como que los que morían se le aplicaban los ritos cristianos y no los de su religión. Ante esta situación, el doctor Ahmad quiso saber qué estaba ocurriendo y se personó a visualizar el trabajo. Lo que contempló el doctor debe ser contado para despejar cualquier posible duda. Se encontraron a la Madre Teresa curando a una persona cuya enorme herida le ocupaba toda la cara, le estaba extrayendo gusanos con unas pinzas y sus propias manos. La herida desprendía un hedor que la mayoría de los humanos no hubieran aguantado, mientras tanto le hablaba al enfermo y le decía: *Tú reza en tu religión y yo rezaré a mi modo. Juntas rezaremos y será algo hermoso para Dios.* El policía, que acompañaba al doctor, tremendamente conmovido dijo que sólo echaría a la Madre del lugar si acudían, por citar un ejemplo, las hermanas o madres de los que tanto se quejaban a hacer el trabajo que estaba haciendo aquella santa. Lamentablemente, el asunto tampoco quedó zanjado con este incidente, hizo falta otra muestra para que la gente apreciara que había algo mucho más importante que las diferentes religiones: el amor a la vida y al mismo Dios a través de las diferentes creencias. El hecho que definitivamente les hizo comprender vino de la mano de uno de los sacerdotes brahamanes que no estaban de acuerdo con que allí trabajara una misionera cristiana, éste contrajo la tuberculosis. De nuevo la historia se repetía porque ningún hospital se quería hacer cargo, era un incurable y privaba a otro paciente de una posible sanación. Se le llevó a Nirmal Hriday y la Madre Teresa le cuidó personalmente. Al principio se sentía dolido y humillado pero cuando aceptó su situación murió tranquilo. De acuerdo con la costumbre hindú, su cuerpo fue incinerado. Nada de esto, ni los cuidados, ni el sufrimiento, ni el entierro, les pasó desapercibido a los otros sacerdotes. Progresivamente fue disminuyendo el rechazo, entre otras cosas porque hechos como el del sacerdote brahaman supusieron un cambio en el pensamiento de la mayoría de los ciudadanos de Calcuta, que reconocieron varias cosas muy importantes. Por un lado, que las hermanas estaban haciendo algo completamente necesario que nadie estaba dispuesto a hacer, se ocupaban de personas en grado terminal que además de cuidados médicos recibían amor y cariño. Y por otro, respetaban la religión de la persona que moría, sin ninguna pretensión de convertirle a otra religión, es más si por circunstancias de gravedad el paciente no era capaz de desvelar su religión, a los hombres se les identificaba mediante la circuncisión, o también a través de tatuajes y si no había indicios se les enviaba a incinerar según el rito hindú. Por último, la gente se dio cuenta de que las hermanas vivían voluntariamente en la misma pobreza que los que atendían.

98

El estado de las personas que llegaban al hogar era de extrema gravedad, normalmente no podían hablar o estaban inconscientes, de manera que los inscribían en el registro bajo el epígrafe de «desconocido». A veces, cuando recuperaban algunos de sus sentidos, después de haberles brindado amor y cuidados, averiguaban sus nombres y sobre todo su religión. Los católicos recibían sepultura en el cementerio, los musulmanes iban al camposanto musulmán y los hindúes al *ghat* de incineración. La mayoría de las personas eran hindúes, por lo que directamente se les incineraba siguiendo el rito hindú, una práctica que era habitual cuando no lograban averiguar su identidad.

Nirmal Hriday, *El lugar del Inmaculado Corazón*, o *El Primer Amor de la Madre Teresa,* se fundó el 22 de agosto de 1952, fecha en que las Misioneras de la Caridad se consagraron al Inmaculado Corazón de María. La puerta de entrada era por la que habitualmente accedían los peregrinos, no había una puerta principal. El lugar disponía de dos salas, una para hombres y otra para mujeres, separadas por un vestíbulo. Las salas estaban llenas de camas bajas y estrechas, también había camillas y literas con cubrecamas de plástico azules y un pequeño recibidor con mesas de trabajo. Cada cama tenía un número pintado en la pared. En medio se encontraba el centro médico y los baños, detrás de ellos la cocina y el tanatorio. La escuela para niños callejeros estaba en el terrado, donde vivían las hermanas. En una de las paredes de las salas también había un tablero que hacía referencia a Kalighat como *El Primer Amor de la Madre Teresa,* si cuando estuvo tan enferma en 1990, hubiera obtenido permiso, quizá hubiera elegido este lugar para retirarse, aunque ella manifestó que le daba igual ya que *Dios estaba en todas partes.*

Existían una gran variedad de organizaciones sociales de todos los tipos, así como un gran elenco de religiones cuya misión era atender a los pobres y enfermos, tanto en Calcuta como fuera. Pero de todas ellas, ninguna acogía a los indigentes, que no eran aceptados en hospitales ni en residencias, ninguna recogía a aquellas personas que no tenían dónde morir. La religión hindú mantiene la creencia de que el cuerpo no tiene importancia, por consiguiente un cuerpo enfermo carece de valor. La carne es sólo un medio para liberar el alma y proseguir con el ciclo de nacimiento, muerte y un posterior renacimiento como búsqueda de la salvación, ésa era la base de la transmigración de las almas. Las creencias de la Madre Teresa y las hermanas misioneras eran otras, para ellas había que tocar esos cuerpos al tiempo que atender esas almas. Su firme convicción radicaba en que en cada cuerpo llagado que curaban, en cada gota de sangre que limpiaban estaba Cristo, si no creyeran en esto (lo han manifestado muchas veces sin cansarse), si no vieran en cada una de esas personas a Jesús nunca hubieran podido hacer lo que hacían y continúan desempeñando. Eso era lo esencial para la forma de pensar de las Misioneras de la Caridad, no dar un entierro cristiano, ni la conversión de las almas, sino volcarse en vida con los que lo necesitaban.

Desde que se abrió Nirmal Hriday en 1952, un registro indica el número exacto de pacientes que han ingresado hasta la fecha. Los primeros datos indican que en los inicios, casi todas las personas que ingresaron murieron. Pero en los años sesenta y setenta el número se redujo a la mitad. En los últimos tiempos sólo ha muerto una quinta parte de los admitidos. Los avances han sido considerables, además de porque mucha gente ha conseguido sobrevivir (se reciben muchas ayudas tanto en alimentos como en medicinas), porque se ha instalado una conciencia que no permite dejar morir a nadie en las calles. Al menos desde hace años, son habituales las llamadas al teléfono 102 solicitando una ambulancia que lleve al indigente a un hospital, o si el intento fracasa a Nirmal Hriday.

En los centros para moribundos había una práctica que no ha variado desde los comienzos. Siguiendo la norma de la Madre Teresa, antes que cualquier otra cosa se lavaba a los pobres según iban llegando, las condiciones eran muy malas (muchos tenían heridas, bichos o sífilis...) y de los que llegaban en peores condiciones se encargaba la Madre. Uno de los problemas con los que se encontraban las hermanas era discernir entre los que eran indigentes y abandonados, los que llamaban *los casos de la calle,* que no tenían a nadie que les cuidara, o los casos en los que las familias no querían cuidar de los enfermos o no podían eran *los casos familiares.* En Kalighat, las hermanas tenían por norma dar cobijo únicamente a indigentes y moribundos, nunca a aquellas personas que contaran con un hogar. Por lo demás, las hermanas nunca rechazaban a nadie, aunque dispusieran de 105 camas y hubiera días que tuvieran hasta 130 pacientes. La Madre y hermanas habían visto prácticamente de todo, sin embargo, todavía algunas actos las dejaban perplejas: a veces ocurría lo impensable, los mismos enfermos ofrecían sus propias camas si veían que era necesario, ellos conocían el sufrimiento, habían gozado de cierta comodidad (aunque hubiera sido por poco tiempo) y llegaba el momento de cedérsela a aquellos que aún no la conocían. A pesar de los terribles dolores y padecimientos, muchos ni se quejaban; las hermanas comentaban que los pobres pensaban de forma distinta. Para estos casos la Madre Teresa solía decir: *Prefiero que cometas un error con bondad a que hagas milagros con maldad; y nunca rechaces a alguien que esté enfermo.*

A pesar de las mejoras que se fueron implantando, las hermanas siguieron y continúan recorriendo la ciudad en busca de moribundos, no cesan en el intento, porque una sola de las personas que encontraran abandonadas merecía todo el esfuerzo del que fueran capaces. Se han producido cambios propios del paso del tiempo, pero ellas siguen haciendo el mismo trabajo que el primer día, siempre habrá casos como el del hombre que murió bajo el árbol o la mujer que fue comida por las ratas.

6.2. Sobre la muerte

Acerca de este asunto quienes mejor pueden hablar son las personas que han pasado por Nirmal Hriday. Trabajar con incurables, ver morir todos los días a alguien, entregar tu cariño y no encontrar a esa persona al día siguiente son experiencias realmente duras. Y eso es lo que hacían a diario las hermanas Misioneras de la Caridad junto con colaboradores y voluntarios. Sorprendía ver a las hermanas que allí trabajaban serenas e incluso alegres, en un lugar que a todos a priori nos parecería triste y desolador.

La hermana Suma reconocía que cuando empezó lo pasaba muy mal, cada vez que moría alguien, sobre todo si era joven, iba corriendo a rezar y en la capilla lloraba durante horas para que nadie se enterara. Después de muchas oraciones se encontraba más fuerte que al principio y decía que ya no temía a la muerte. La mayoría de la gente que estaba en el hogar tampoco tenía miedo a la muerte, incluso muchos pensaban que era el mejor lugar donde podrían morir. Aún así era inevitable sentir pena cuando una vida terminaba, sobre todo por la sensación de que siempre se podía haber hecho algo más si la hubieran encontrado antes.

Casi siempre había en Nirmal Hriday voluntarios que iban de todas las partes del mundo. Algunos no sabían ni por qué estaban allí, pero sí tenían claro lo que veían, sentían y lo que se llevaban. En sus países se dedicaban a cosas tan variadas como ser agentes de bolsa, enfermeras o carpinteros y algunos manifestaban que desde que han ido allí contemplaban la muerte de otra manera, como una especie de segunda vida, renacimiento o como *irse a casa*, como si fuera *el último trecho*, llegaban a encontrarse en paz con la muerte. Otros han llegado a decir que estar en Kalighat *es un viaje interior a la vida y la muerte. Una de las primeras cosas que se nota aquí es la presencia de Dios.*

En general los voluntarios están por periodos cortos de tiempo y son las hermanas las que luchan por levantar ese proyecto cada día. Trabajan hasta dieciocho horas diarias seis días en semana haciendo de enfermeras, porteras y médicos; alimentan, lavan, planchan, rezan, escuchan las súplicas… afirman que es una tarea que requiere mucho sentido del humor y mucha compasión, dos cosas muy importantes.

Sobre Kalighat la Madre comentaba: *A través de los años, hemos rescatado a más de 57.000 personas de las calles, de las cuales la mitad tuvieron una muerte bonita. Aquellos que mueren con nosotras mueren en paz. Para mí, ése es el mayor logro del ser humano, morir en paz y con dignidad, ya que eso es para la eternidad.* Todos los que llegaban a Nirmal Hidray vivían en circunstancias extremas, algunos habían sido abandonados por sus propios hijos o sentían que habían sido tratados como animales, allí por fin recibían un trato digno, la paz llegaba a su espíritu y eran capaces de perdonar las cosas más duras y dolorosas, a eso se refería la Madre Teresa con morir en paz.

Estaba convencida de que las personas que habían muerto con ellas estaban en el cielo, de que eran verdaderos santos.

La muerte supone dolor para los que se quedan aquí, pero para la persona que se va, la muerte significa algo hermoso porque vuelve a reencontrarse con Dios. *Allí es donde todos tenemos que ir*, decía la Madre Teresa. Por eso, para la Madre la muerte era una continuación de la vida, no el final sino el principio de algo más hermoso que era la vida eterna. Un viaje donde nos volveríamos a encontrar con nuestros seres queridos, con todos aquellos que se fueron antes que nosotros, con Dios. Ésta era la base de cualquier religión, la idea de eternidad, de otra vida mejor. La religión budista cree en la reencarnación como medio para tener una vida mejor, el cristianismo considera que cuando morimos vamos a un lugar mejor que es el Cielo, allí permanecen vivos el corazón y el alma, sólo se abandona el cuerpo. De ahí que la Madre Teresa dijera que sólo tenían miedo a morir los que pensaban que en esta vida se acababa todo. La vida no era más que una preparación para la muerte, era importante vivir cada día como si fuera el último.

VII.   LOS MISIONEROS DE LA CARIDAD

7.1.   La Congregación de los Hermanos

La Congregación de los Hermanos se fundó en 1963. Se trató de un proyectó que surgió y se fue desarrollando poco a poco, pero concienzudamente. El carisma de la Madre Teresa se fue extendiendo a todos los lugares, su mensaje llegó a personas de diferente condición, hombres y mujeres, niños y adultos. Hasta que un día un grupo de jóvenes manifestó a la Madre su deseo de trabajar con los pobres entre los pobres. Al tiempo que brotaban estas propuestas, la Madre se iba dando cuenta de que los hombres podían resolver de manera más exitosa determinadas actividades que, por diversas razones, a las hermanas le resultaban más complicadas. Haciendo caso a su costumbre, consideró los pros y los contras y habló con el que había sido su director espiritual, el padre Van Exem. Le expuso cuál era la situación y cómo a medida que la obra y las distintas casas se iban desarrollando, las necesidades cambiaban. Por ejemplo, los chicos de Shishu Bhawan empezaban a crecer y las hermanas seguramente tendrían problemas a la hora de atenderlos. Otra apreciación era que, en Kalighat y para realizar el trabajo con los leprosos, un hombre lo podría hacer con más facilidad. Por esta razón le pidió al padre Van Exem que intercediera a través del arzobispado por el tema de los permisos.

El arzobispo con el que habló el padre Van Exem en Calcuta no se parecía en nada al arzobispo Perier (que se había encargado de autorizar la congregación de las hermanas) así que en seguida dio su beneplácito, le pareció una idea estupenda. A las pocas semanas de estas primeras conversaciones la Madre Teresa ya contaba con seis hombres para comenzar con el nuevo proyecto; les ubicaron en el Shishu Bhawan de Calcuta.

Aunque el arzobispo había dado su aprobación, se plantearon problemas relacionados con la incorporación por parte de algunos hombres a las labores de la congregación hasta que no estuviera reconocida oficialmente y, paradojas de la vida, al mismo tiempo hacía falta un número mínimo de miembros para que Roma aprobara la creación de esta congregación. Además la Iglesia católica no permitía que una mujer estuviera al frente de una congregación religiosa de hombres. Finalmente, después de un año, se arreglaron estos problemas.

Había que ponerse manos a la obra, así que la Madre Teresa empezó la búsqueda de un hermano que estuviera interesado en dirigir la orden. La Providencia volvía a estar de su lado, porque en aquel entonces un australiano llamado Ian Travers-Ball había solicitado el ingreso en la congregación; su nombre religioso era hermano Andrew.

El hermano Andrew había llegado a la India en 1954 como jesuita, después de estar en una zona de minas de carbón en el Estado de Bihar, sus inquietudes comenzaron a centrarse en los pobres. Pasar una corta temporada con la Madre Teresa, pensó que sería de gran ayuda para el futuro, pero el destino hizo que su estancia se prolongara mucho más de un mes. La Madre Teresa le pidió que se hiciera cargo de aquel grupo de jóvenes con el que había trabajado en Shishu Bhawan. El hermano Andrew dejó la Compañía de Jesús sin apenas vacilaciones para hacerse Misionero de la Caridad.

Lo primero que contempló el padre Andrew fue la posibilidad de marcharse de Shishu Bhawan y formar un grupo independiente. Reconocía que podía tratarse de una actitud machista, sin embargo sentía que los hermanos debían desarrollar su propia manera de actuación, aunque tuvieran la influencia de la Madre Teresa. A la Madre también le pareció apropiado, así que aceptó la propuesta.

Este hecho marcaría desde el principio diferencias entre el método de trabajo de la hermanas y de los hermanos. Diferencias por su condición, ya que los hermanos nacieron para hacer frente a otras necesidades y actividades, y diferencias por el método en sí, ya que empezaron a funcionar de manera autónoma desde un principio, como hemos visto en algunos hogares y veremos otros casos.

Uno de los primeros sitios donde comenzaron a trabajar fue en la estación de ferrocarriles de Howrah. En este lugar vivían chicos y hombres jóvenes. Muchos estaban huérfanos, otros habían escapado de sus casas o tenían libertad condicional. El techo del ferrocarril estaba completamente hundido y los chicos padecían enfermedades muy diversas. Los hermanos se fueron integraron poco a poco. Primero les dieron jabón para su higiene personal (una de los principios de la Madre Teresa) fundamental en circunstancias tan calamitosas. Después comenzaron a suministrarles comida para la cena, era la única manera de que pudieran comer caliente una vez al día. El siguiente paso fue instalarles en las casas de las que disponían hasta que los hermanos constituyeran un hogar propio.

Y allí fue precisamente donde se ubicó este primer hogar, en esa estación de ferrocarril donde habían iniciado su primer trabajo, y se llamó Nabo Jeevan, «Nueva Vida». Era un hogar especial para chicos que no tenían hogar y además presentaban algún tipo de incapacidad. Mientras Nabo Jeevan tomaba forma, se creaba también un taller con el objetivo de reparar radios; los chicos aprenderían un oficio que en un futuro pudieran proporcionarles un trabajo.

En Nurpur, a 30 km de Calcuta, los hermanos consiguieron una granja. Allí instalaron a chavales con deficiencia mental y a los hombres que padecían tuberculosis, la agricultura fue en este lugar la actividad principal.

Los hermanos también se dedicaron a aquéllos que sufrían una de las enfermedades más extendidas en la India, la lepra. Hemos contado que las clínicas móviles eran el lugar donde en un principio se atendían a los afectados, después de la etapa de estas clínicas, los hermanos comenzaron a visitar a la gran colonia de leprosos de Calcuta, Dhapa, y empezaron a ayudar a las hermanas en Titagarh. Finalmente se encargaron por completo de esta actividad.

7.2. Método de trabajo de la congregación de los hermanos. Diferencias con las Misioneras de la Caridad

Los hermanos, igual que las Misioneras de la Caridad, también se levantaban muy temprano, a las cuatro y media de la mañana.

De cinco y media a siete meditaban, rezaban y asistían a misa. Después limpiaban la casa durante una hora y media. De ocho a una de la mañana y durante tres horas por la tarde se dedicaban a las actividades sociales de las que se tuvieran que encargar, como bajar al centro de leprosos. Igual que las hermanas, rezaban en torno a las seis y media de la tarde y después había que cenar. A las ocho y media de la noche, de nuevo rezos. Son horarios y actividades que corresponderían a un día cualquiera en la vida de los hermanos

Una de las primeras diferencias que se notaba con respecto a las Misioneras de la Caridad era su manera de vestir. Los hermanos no llevaban un uniforme que les diferenciara, sólo si uno se fijaba mucho y estaba muy próximo a ellos apreciaba un pequeño crucifijo enganchado en la camisa. La Madre Teresa estaba a favor de un vestuario específico de los hermanos, pero el padre Andrews pensaba que con ropa de calle estarían en mayor comunión con los más desfavorecidos. Las hermanas tenían dos saríes para todos los días, y un tercero para ocasiones especiales; los hermanos coincidían con ellas en que estaban provistos de dos camisas y dos pantalones de algodón, con un tercer juego para ocasiones especiales. Los votos no variaban con respecto a los de las hermanas, pertenecían a la misma congregación, y en eso residía lo más básico, la esencia de los Misioneros y Misioneras se conservaba intacto a ese respecto.

Entre las actividades que los hermanos emprendían con los muchachos estaba la práctica de diferentes deportes. Los hombres necesitaban el ejercicio tanto como el alimento y las hermanas no podían seguirles el ritmo. En relación a esto, el hermano Andrew constataba que el estilo de vida entre los hermanos y las hermanas albergaba diferencias. Por ejemplo comentaba que necesitaban más espacio que las mujeres en su vida cotidiana, ellas eran capaces de vivir en mucho menos espacio. Además los hermanos salían a dar un paseo de vez en cuando para airearse, mientras que las hermanas no salían si no era para algo referente con su trabajo. Los trabajos domésticos tampoco eran igualmente considerados para el hermano Andrew, sobre todo en cuanto a la importancia de los mismos. En definitiva, no sentía el deber de cumplir las normas de la misma manera que lo hacían las Misioneras.

El padre Andrew dejó la congregación en el año 1986 tras treinta años de dedicación permanente, siendo el hermano Geoff, también australiano, quien asumiera el papel de superior general. Sin embargo, el hermano Geoff tenía otro punto de vista, pensaba que en lo más esencial no había apenas diferencias con las Misioneras de la Caridad, solamente eran menos estrictos por la condición de su trabajo. La congregación de los hermanos tenía menos protección y debían adaptarse a las circunstancias tanto locales como culturales que hubiera en los distintos países, incluso en diferentes regiones dentro de un mismo país. Habitualmente también eran menos hermanos por hogar, ya que habían formado comunidades más reducidas. Aunque el segundo idioma más utilizado era el inglés, ellos no lo usaban necesariamente fuera de la India. En líneas generales, los hermanos se encargaban de realizar las tareas que les resultaban más familiares: buscar hogares para chicos con problemas, alcoholismo, drogadicción… y se ocupaban con especial atención de un asunto como la orfandad.

Dicen que el hermano Geoff fue quien acercó la orden a las ideas más esenciales de la Madre Teresa, entre otras cosas, introdujo un tiempo para reflexionar y hacer examen de conciencia. En torno al año 1996, la Constitución de los Hermanos se sometió a votación. Desde entonces, la congregación ha crecido pero a un ritmo muy lento.

7.3. Apertura de casas de la congregación de los hermanos

Exactamente igual que con las Misioneras de la Caridad, hasta que no pasaron diez años los hermanos no pudieron abrir nuevas casas en el extranjero. Cumplido el plazo, en 1973, el hermano Andrew abrió la primera casa fuera de la India, en Vietnam; un país que sufría las consecuencias de la guerra y donde no habían llegado las hermanas.

La segunda casa la inauguraron dos años después, estaba pensada para alcohólicos y drogadictos. El lugar elegido fue un barrio de Los Ángeles, California, conocido como Skid Row. Era su obra principal, un centro diurno para inmigrantes latinos ilegales, de los cuales la mayoría vivían en la calle. Un barrio sobre todo de jóvenes mexicanos y americanos, de entre catorce y dieciocho años, cuyas principales actividades giraban en torno a la delincuencia. Se acercaban al centro para pedir atención médica o para comer caliente al menos una vez al día, cortarse el pelo, tomar una ducha, o simplemente para relajarse. En el centro también había un pabellón para aquellos hombres que vivían con una discapacidad física o mental; en muchas ocasiones, los encontraban tirados en las calles de Los Ángeles y también necesitaban atención.

Progresivamente fueron llegando a las zonas más conflictivas y problemáticas de otros lugares del planeta. Fundaron otros hogares en Hong-Kong, Japón, Taiwan, Corea, Guatemala, Filipinas, El Salvador, República Dominicana, Haití, Brasil, Madagascar y Francia. En Japón trabajaron, una vez más, con alcohólicos de la calle. Lo que más trabajo y esfuerzo suponía era controlar los actos violentos en el centro; intentaban mantener la calma a toda costa, aunque a veces las cosas se complicaban. También ayudaron en ciudades como Bogotá y Medellín, en Colombia, donde presenciaron altercados o incidentes a diario, eso sí, sin olvidarse nunca que lo mejor era mantenerse al margen, como la gente conocía el trabajo que ellos desempeñaban no solían tener problemas. Lo cierto es que en la gran mayoría de los países donde los hermanos acudieron a trabajar había una constante: las altas dosis de violencia. Característico era también que, a lo largo del tiempo, los hermanos siempre fueron eligiendo lugares donde no hubieran trabajado las hermanas para abrir sus casas.

Los Misioneros de la Caridad, de la misma manera que las hermanas, y en definitiva igual que la congregación, estimaban que su trabajo era muy diferente al que realizaban otros grupos u organizaciones. Los grupos que también se dedicaban a los pobres, pretendían que éstos recuperaran la situación que tenían con anterioridad, en eso consistía su ayuda. Para los hermanos esto formaba parte de un proceso que tenía que pasar primero por la parte educativa y que podía acabar convirtiéndose en un tema político. Nunca manifestaron que una organización fuera mejor que otra, y

110

mucho menos que la suya fuera la mejor, porque pensaban que los dos trabajos eran necesarios y que desde muchos sitios se hacían cosas buenas, sólo que ellos asistían a pobres que nunca podrían ser autosuficientes, que siempre dependerían de otras personas, de ahí que sus objetivos y sus métodos fueran tan diferentes a los del resto. Ésa era la confusión más extendida, recibían críticas por no enseñarles a valerse y defenderse por sí mismos, pero no se daban cuenta que había una distinción significativa entre los pobres que ellos atendían y los que atendían los demás grupos. Los hermanos entendían la valía del desarrollo y el progreso, pero si tenían frente a ellos a una persona agonizando no había tiempo para averiguar, educar o corregir, sólo para estar a su lado y aliviar su dolor. Las dos tareas eran necesarias y ellos tenían claro el papel que debían desempeñar.

Desde 1983 existe otra nueva congregación religiosa masculina, la de los Padres Misioneros de la Caridad. Nació con la misma motivación, impulsada por del carisma de la Madre Teresa. Su misión consiste en *vivir el mensaje de la Madre Teresa por medio de un servicio sacerdotal generoso y alegre a Jesús, presente en los pobres más pobres... compartiendo dicho mensaje con los demás, tanto con los sacerdotes hermanos como con todo el pueblo de Dios*. Uno de estos sacerdotes es el español Pascual Cervera, un hombre que antes que sacerdote era un prestigioso empresario de turismo y por los años ochenta realizó un trabajo en el primer establecimiento de las Misioneras de la Caridad en España. Posteriormente estudió teología en el seminario archidiocesano de Nueva York y se consagró sacerdote. Siempre estuvo muy vinculado a la Madre Teresa, tanto a su espíritu como a su obra. Otro caso muy parecido es el del padre Brian Kolodiejchuk, sacerdote canadiense de origen ucraniano, que después desempeñó el cargo de postulador de la causa de beatificación y canonización de la Madre Fundadora.

7.4. Algo que celebrar

Lo que comenzó siendo una «Llamada», el saber que había que poner en marcha los deseos de Jesús a pesar de las serias dificultades para iniciarlo, se acabó convirtiendo en una poderosa realidad, en una obra verdadera, que lejos de todo pronóstico (al menos externo porque ellas no se planteaban más que el día a día, la obra de la Madre Teresa no fue algo planificado, nada más lejos de su intención) comenzó a dar sus frutos y a cumplir años: eso exigía una celebración.

En 1975 se celebraron las bodas de plata de la congregación, y con ésta llegaron otros aniversarios como el del Hogar del Moribundo abandonado, el Hogar de los Niños abandonados y el de sus primeros votos en la congregación como Misioneras de la Caridad. Pero quisieron hacer otra celebración, como culminación de esos aniversarios quisieron festejar el jubileo de Jesús: un año en el que se quería celebrar de manera especial a Jesucristo. Y qué mejor manera de celebrarlo que con la creación de 25 nuevas casas, así sería una celebración verdaderamente especial. La casa número 25 del año jubilar fue la que abrieron en Beirut.

Las bodas de plata de la congregación se celebraron exclusivamente a través de la oración. No es sorprendente que para este acto la Madre Teresa quisiera sencillez, nada de gastos ni conciertos ni decorados, que Dios fuera la figura central y todo confluyera en Él, nada más. Y así ocurrió, rezaron durante días, con comunidades de diferentes religiones: la hindú, sij, budista, zoroastrista, judía, anglicana, protestante, etc. Algo que no había ocurrido hasta entonces. Entre todos le dieron gracias a Dios por lo que Él había emprendido mediante las Misioneras de la Caridad. También expresaron su gratitud a los pobres por aceptar el servicio de las hermanas, por confiar en ellas de una manera ciega.

El Nirmal Hriday u Hogar del Moribundo Abandonado también gozaba de celebración. Se eligió el 1 de noviembre porque era el día de la Iglesia católica para Todos los Santos, en definitiva era el día de todos los que habían muerto en el amor de Dios, algo que la Madre Teresa consideraba sucedía a diario en el hogar (en muchas ocasiones declaró que eran *santos*). Para esta celebración lo que hicieron fue invitar a ejecutivos, miembros relevantes de la sociedad, directores de empresas... para que personalmente atendieran a los pobres y les dieran de comer con sus propias manos, presenciaran con sus propios ojos cuál era su vida y cómo la

Teresa de Calcuta junto a la reina británica Isabel II.

vivían. Para este acontecimiento la Madre Teresa tampoco quería regalos. El resultado fue una experiencia gratificante para los pobres que por primera vez sentían cómo gente refinada les daba de comer amablemente, de manera natural. Al mismo tiempo estaba siendo una experiencia enriquecedora para los directivos, que también por primera vez habían salido de su entorno para ver otros mundos y otras realidades.

Los niños también tuvieron su fiesta y fue en un bonito parque de Calcuta. A los niños más pobres las hermanas los vistieron con ropas especiales, así podrían acudir a su fiesta por vez primera con ropas elegantes. Algunos representantes de grandes empresas repartieron comida entre los niños de los arrabales. Entre el alboroto propio del acto, las hermanas observaron que no todos los niños se estaban comiendo el alimento que les habían repartido, parte de las golosinas, pasteles, bollos y frutos secos los estaban guardando para sus otros hermanitos, aquéllos que estaban en casa y no habían podido ir con ellos.

Al día siguiente las hermanas dieron de comer aproximadamente a unos 20.000 pobres; eso era algo que Jesús aconsejó en el Evangelio: *Cuando des una fiesta, no invites a los ricos sino a los pobres, a los cojos, a los ciegos. Sal por los caminos y senderos, recógelos y dales de comer. Tu recompensa ha de ser grande, ya que ellos no pueden compensarte ni invitarte a su vez.*

VIII.   LOS COLABORADORES

8.1.   Ser colaborador. Un trabajo imprescindible

Tanto las hermanas como los hermanos recibían a menudo la ayuda de gente que se implicaba a la hora de hacer algo por los demás, eso no significaba que quisieran ingresar en la orden, ni ser religiosos, simplemente deseaban ayudar. No se había determinado un tiempo de estancia para ellos, ni un periodo mínimo ni máximo. Lo que realmente querían estos jóvenes era saber si les gustaba el trabajo, o si podían ser útiles a la sociedad; aunque los había que sí deseaban ingresar en la orden. Como los motivos por los que cada uno estaba allí eran diversos, el padre Andrew se empezó a referir a estas personas como *Come and Sees*, «los que vienen a probar». Un término que en seguida adquirió la Madre Teresa para designar a todas aquellas personas que acudían a sus hogares con la misma intención.

Digamos que a la palabra colaborador, con el tiempo, se le fue incorporando una acepción de continuidad, de ahí la distinción que ha ido surgiendo entre colaboradores y voluntarios. Los voluntarios acuden alternativamente, cuando pueden, ésa es su característica principal.

Para la Madre Teresa, los colaboradores eran todas aquellas personas que, de alguna manera, sentían las ganas de unirse a la obra de la Madre y las Misioneras de la Caridad. No importaba su religión ni estatus social, tenían cabida tanto hombres, como mujeres y por supuesto niños. La única condición era la misma que tenían las hermanas: manifestar el amor de Dios a través de los demás, en particular por medio de los más pobres entre los pobres, con independencia de su clase social o creencia. «Colaboradores» fue un término que la Madre Teresa adquirió de Mahatma Gandhi, ya que

115

Gandhi disponía de una serie de ayudantes que estaban involucrados en su programa político-social, como era mejorar la situación de las mujeres, erradicar la lepra, extender la alfabetización y sobre todo luchar porque desapareciera el concepto de *intocabilidad* que algunas castas ponían en práctica con los que tenían la peor situación dentro de la sociedad hindú. A todos los que ayudaban con estos propósitos Gandhi los llamaba colaboradores. Una idea que se acercaba bastante a la realidad que vivía la Madre Teresa.

Los primeros colaboradores de la Madre fueron Michael Gomes y su familia, los cuales le dejaron su hogar de una manera incondicional al comienzo de su obra, a partir de ese instante nunca la abandonarían, lucharon con ella en el día a día, desde buscando comida hasta asistiendo enfermos. También todos aquellos médicos, enfermeras y demás personal que respondieron a sus primeras voces de auxilio; y en general todos aquellos que estuvieron ahí de manera desinteresada. Entre los colaboradores había desde gente completamente desconocida hasta gente famosa. Cada país había designado un responsable que se encargaba de coordinar y dirigir, a la Madre le gustaba llamarlos *enlaces*. La conexión entre los colaboradores y las Misioneras de la Caridad era y es una unión de vital importancia para el mundo.

El número de personas que deseaban colaborar o vincularse con la Madre Teresa, aumentaba y continúa creciendo cada año. Las hermanas les ofrecían algo tan básico, pero tan difícil, como suponía trabajar por amor. Esta labor se podía aplicar a muchos ámbitos de la vida, empezando por nuestro entorno más cercano: se podían hacer cosas por la propia familia, por nuestros vecinos y si se deseaba se podía buscar luego a los pobres que vivieran cerca de nosotros para saber de sus necesidades. La Madre Teresa ocupó gran parte de su vida en hacernos entender que era importante esforzarse por convivir, que hubiera comprensión y amor en el hogar, porque si eso se conseguía, la felicidad estaba garantizada. A este respecto las hermanas también decían que no se trataba de hacer las cosas a lo grande, es decir no cometer el error tan común que lleva a pensar que para hacer algo útil por los demás había que embarcarse en grandes proyectos, hacer importantes planificaciones. Sino que el amor debía empezar por un solo individuo, tomar contacto con esa persona, intimar; lograr esto ya era un gran avance, lo demás ya se iría viendo. Lo fundamental era hacer algo, que empezara a surgir en cada uno de nosotros la inquietud de preocuparnos por los que están a nuestro lado y que generalmente pasan desapercibidos. La Madre no se cansaba en insistir que no era necesario ponerse metas inalcanzables o que no nos sintiéramos capaces de realizar, como podía ser irse a un país lejano o cambiar por completo de vida. Al fin y al cabo no todo el mundo se sentía preparado para embarcarse en las mismas actividades y hacía falta que cada persona desempeñara tareas diferentes, en concreto hacía falta que cada uno encontrara *su tarea,* aquélla con la que se sintiera a gusto e identificado. La familia de la que cada uno fuera miembro, debía ser el principal foco de atención, la mejor escuela para aprender sin descanso acerca del amor. La Madre comentaba que a veces era más difícil querer a los que vivían con nosotros que a los que estaban lejos. En definitiva, se trataba de querer hacer algo, porque posibilidades había muchas, cualesquiera fuera nuestro entorno o situación.

La Madre Teresa tenía la sensación de que nos centramos demasiado en lo negativo de la vida. Es cierto que en muchas ocasiones las preocupaciones y situaciones angustiosas se apoderar de nosotros, pero era un problema casi mayor que esas preocupaciones nublen lo bueno que está a nuestro alrededor. La Madre estaba convencida de que el mundo se pensó para disfrutarlo, si ésa había sido la intención de Dios cuando lo creó, entonces ¿por qué fijarnos más en lo malo?; no nos damos cuenta de la cantidad de cosas que transcurren cotidianamente, que damos por hecho, o las achacamos a la suerte sin más, cuando en realidad son casi un milagro. Si nos fijáramos en todo lo positivo que tenemos a nuestro alcance podríamos transmitirlo a los demás, a nuestras familias, sería la mejor manera de poder realizar una verdadera transformación, algo beneficioso para todos. En la medida en que nosotros seamos conscientes de que hay que hacer algo por los demás podremos transmitírselo a nuestros seres más cercanos, de esa manera nuestra familia también podrá tomar conciencia de los pobres. Son argumentos que reflejan el modo de pensar de la congregación de la Madre Teresa que no establecía como necesario irse a la India para trabajar con y por las Misioneras de la Caridad. Las hermanas ofertaban muchas posibilidades, tantas como personas que quisieran colaborar, cada uno podía elegir la suya, su propia opción de vida. Empezar por una persona, actuar era lo fundamental y lo más difícil; dar el primer paso siempre es lo que más cuesta, después sólo se trata de seguir el camino. Ser colaborador también significaba compartir, la mejor forma de combatir la pobreza. El sentirse mal por lo que uno poseía no conducía a nada, mucho más útil era transformar ese sentimiento hasta ser capaces de compartir. La Madre decía que había que estar agradecido por lo que cada uno tiene y saber aceptarlo, pero a su vez era conveniente aprender a no ambicionar más de lo necesario, a emplear las riquezas que nos han sido dadas en ayudar a los demás, porque quizá, sin saberlo, nuestra ayuda pudiera ser crucial. El disponer de comida, de un hogar, dignidad, libertad, salud y educación, son derechos universales para todos, no privilegios para unos pocos. Por eso, quienes son más afortunados deben ayudar a los que han corrido una peor suerte, recordaba a menudo. La riqueza debe servir para crear empleos, dar trabajo a los demás, para tender una mano, para ayudar. Un colaborador decía, acerca de la aceptación, que había aprendido (especialmente en situaciones difíciles) que las cosas eran perfectas tal y como nos las encontrábamos, y que había que pedir fuerzas suficientes para aceptar la vida como viniera, no para cambiar las situaciones a nuestro antojo. Era otra manera de tener fe en Dios, de confiar en que las cosas antes o después funcionarían. Las claves: aceptar primero, estar agradecido después y por último compartir.

La Madre Teresa constituyó tres grupos de colaboradores, con tres *dobles,* que trabajaban, y aún hoy lo hacen, de la mano de las Misioneras. Son los llamados propiamente colaboradores, los enfermos y sufrientes, y los contemplativos. Sólo dos requisitos eran indispensables para colaborar con las hermanas: tener una mente abierta, y estar dispuestos a realizar cualquier trabajo. Vamos a ver cuál era la misión de cada una de las ramas de colaboradores.

8.2. Comité de la Madre Teresa. Los colaboradores propiamente dichos

En los años cincuenta, un grupo de mujeres británicas se interesó por la obra de la Madre Teresa hasta el punto de involucrarse en actividades de servicio social en Calcuta; mientras la idea de organizar a los colaboradores como sociedad ya se estaba fraguando. Una de estas mujeres, cuyo nombre era Anne Blaikie, fue a la India para ver el trabajo que desde allí se hacía y a su vuelta a Inglaterra era una mujer nueva. Sus hábitos cambiaron, después de su estancia con la Madre Teresa se dedicó a realizar tareas que beneficiaran la obra de las Misioneras. En Inglaterra contactó con otra gente que había visitado y ayudado a la Madre Teresa, y así fue como surgió el «Comité de la Madre Teresa», en el cual Anne Blaikie se irguió como vicepresidenta; en torno al año 1960 ya se la conocía como una de las «almas gemelas» de la Madre Teresa. Algo parecido le ocurrió a Violet Collins, esposa del cónsul de Estados Unidos en Calcuta. Esta mujer había colaborado localmente con la obra de las Misioneras e hizo lo posible para que una labor tan importante se conociera en su país. El movimiento del comité comenzó en 1960 en Inglaterra y se extendió rápidamente a otros lugares, como Francia, Alemania o Bélgica; también cuajó en estos países. Allí donde las Misioneras habían abierto nuevas casas, aparecieron nuevos grupos de colaboradores. En Reino Unido y Estados Unidos lograron organizarse muy bien, por el contrario en la India los grupos estaban más desestructurados. Lo que sí se puede afirmar es que en la India se produjo una verdadera transformación, la gente había tomado conciencia de quiénes eran los pobres y deseaban compartir y aportar su ayuda, por lo que muchos acudían regularmente a limpiar, lavar ropas, cocinar, daban de comer a pobres y enfermos; esto antes hubiera sido inaudito. Se despertó un interés posiblemente dormido y eso movilizó a la sociedad. Cabe destacar una peculiaridad: en la década de los noventa, en la India, por cada colaborador cristiano había al menos diez que eran de religión hindú, sobre todo en Calcuta, algo insólito teniendo en cuenta el carácter católico de la congregación.

Una de las principales dificultades con las que contaban los colaboradores era la prohibición de hacer publicidad o recaudar fondos. Únicamente se permitía un Boletín de Colaboradores, a nivel interno, para cuya realización se empleaba el material más barato que tuvieran a su alcance.

8.3. Método de trabajo de los colaboradores. Su Constitución

Los colaboradores que estaban encargados de hacer la compra a mayoristas recibían pedidos de manera periódica de las hermanas, las cuales solicitaban material como medicinas, leche en polvo, proteínas y ropa. El Contacto Internacional para Suministros de Ayuda, ubicado en Amberes, era el organismo que dirigía este equipo y recibía la cooperación de un Comité de Colaboradores. Enviaban millones de estas cantidades a África, Centroamérica, Sudamérica y Asia, a todos aquellos lugares donde se necesitara. A pesar del alcance de lo que hacían, la Madre Teresa siempre insistió a los colaboradores que no se olvidaran de la verdadera naturaleza de su trabajo, que no se apartaran de los trabajos más sencillos. No había que menospreciar los trabajos pequeños como leer el periódico a una persona ciega, ayudar a una anciana a cruzar de acera o visitar a un inválido, porque lo más importante era la humildad. Para ella lo fundamental residía en la dedicación a los demás, daba igual que se realizara de un modo u otro, con una actividad entendida como más grande o con otra que pareciera más pequeña. A menudo les animaba para que sólo fueran a dar una sonrisa, a hacerles compañía, la mayoría de las veces eso era más importante para los pobres que cualquier bien material. Por ejemplo, en algunos lugares como el Reino Unido se establecieron lo que llamaban grupos de escucha. Se trataba de gente que iba a los hogares simplemente a escuchar, una tarea aparentemente fácil pero que se pone en práctica muy pocas veces, porque en el fondo requiere de un gran esfuerzo. A la mayoría de la gente le gusta escucharse ella misma no lo que tienen que decir otros. Los ancianos demandaban mucho esta práctica sobre todo porque era el colectivo que con frecuencia se encontraba más solo. Los colaboradores se reunían periódicamente. Además de todas las actividades anteriores realizaban una con especial regularidad y atención: rezar por las hermanas.

Los colaboradores de la Madre Teresa se regían por su propio estatuto. En un párrafo de su Constitución se ve claro la filosofía de la Madre con respecto a ellos:

Los colaboradores de la Madre Teresa reconocen que todo el bien del mundo, incluyendo los regalos de la mente y el cuerpo, las ventajas del nacimiento y la educación, son dones de Dios, y que nadie tiene el derecho a una abundancia de riquezas mientras otros mueren de hambre y sufren todo tipo de necesidades. Buscan corregir esta grave injusticia por la práctica de la pobreza voluntaria y la renuncia a los lujos en su estilo de vida.

La Asociación Internacional de Colaboradores de la Madre Teresa fue reconocida por el Vaticano el 26 de marzo de 1969 y supuso una gran oportunidad para todos.

No se ha podido recapitular una cifra exacta de la cantidad de personas que ayudaron y ayudan a la Madre Teresa y las Misioneras de la Caridad, del mismo modo que tampoco lo hay de otros asuntos que se destacan en estas páginas. Esto se debe principalmente a que a la Madre Teresa nunca le interesaron las cifras, siempre las utilizó como algo simbólico. Nunca se preocupó de las estadísticas, ni de contabilizar el número de personas que colaboraban, ni por supuesto pretendió que los colaboradores pasaran por algún tipo de registro para inscribirse, sólo le interesaba su predisposición con y para los pobres.

Las diferentes biografías de la Madre Teresa se han ilustrado con sus propios testimonios, intentando que fueran lo más fieles a su persona, por lo que los datos que aquí se exponen son de los que ella habló. Por otro lado si no eran las propias misioneras ninguna otra entidad se iba a ocupar de ver cómo evolucionaba la misión en cuanto a su crecimiento en términos estadísticos.

Así como las cifras (de cualquier aspecto del que hablemos) eran aproximadas y referenciales, la Madre nunca atendió a un esquema de trabajo diario prefijado con antelación y lo mismo ocurrió con la configuración de los colaboradores. Durante algunos periodos, existió un coordinador internacional y coordinadores nacionales o regionales, es decir la mínima jerarquización que podía existir; sobre todo se dieron en Gran Bretaña y Estados Unidos, y se celebraron dos o tres encuentros importantes. Sin embargo, en la última etapa de su vida, la Madre Teresa consideró que esta organización tan estructurada no era necesaria y pensó que era más conveniente prescindir de ella. Sólo se hicieron tres reuniones de colaboradores, una en Lippstadt, en 1976, otra en Roma en 1982 y la última en París en 1988. En agosto de 1993, de acuerdo con sus consejeras, anunció la decisión:

Ahora que han cambiado los tiempos y las hermanas están presentes en 105 países del mundo, ya no tenemos la necesidad de que los colaboradores funcionen como una «organización», con un comité directivo, con organizadores, y de que abran y mantegan cuentas bancarias. No quiero que se gaste dinero en publicaciones ni para viajes de colaboradores. Si supierais de alguien que recauda dinero en mi nombre, haced el favor de disuadirlo. Cualquier cantidad que se os entregue con destino a la Madre Teresa o para las Misioneras de la Caridad, ha de ser entregada a las hermanas de inmediato en su totalidad... Sed lo que os pido que seáis: simples colaboradores que ayudan a las hermanas a llevar a Jesús a los Pobres.

Un hecho que no se debió a ninguna crisis y que exclusivamente tenía que ver con sus férreos principios. A la Madre le gustaba el término que algunos habían empleado como la *organización más desorganizada,* porque justamente gracias a ese concepto, podían moverse con mayor libertad, sin reglamentos que dirigieran sus pasos. Esta pedagogía, más evangélica que convencional, fue difícil de asimilar para mucha gente, en especial para los colaboradores alemanes los cuales estaban bien organizados, disponían de coordinadora y administrador-contable. Algunos colaboradores querían aportar una cantidad fija todos los meses, la Madre se dio cuenta de la buena voluntad y estaba muy agradecida, pero lo desaprobó. Como siempre el hecho levantó ampollas y ciertos periódicos publicaron que a la Madre Teresa le sobraba el dinero. La Madre tuvo que aclarar el incidente y explicar cuál era su política de trabajo en la que no había sitio para la recaudación. Es cierto que por sus manos pasaron grandes sumas de dinero, pero fue precisamente porque todo el mundo confiaba en que ese dinero se utilizaba de inmediato, ella no se quedaba con nada.

8.4. Los enfermos y sufrientes. El segundo yo

Hay mucha gente que vive incapacitada por algún tipo de enfermedad o lesión y, aunque les gustaría, no pueden ejercer la labor de los colaboradores. Gran parte de ellos viven postrados en una cama o en silla de ruedas, de manera que tienen serias dificultades para realizar cualquier tipo de actividad. La Madre Teresa pensó en una solución para ellos, así es como surgió la organización de los Colaboradores para los Enfermos y Sufrientes. Cada una de estas personas estaba unida a un hermano o hermana Misionero de la Caridad, aparece el concepto de «segundo yo» para el otro, porque unos aportaban su sufrimiento y rezaban por la misión, y a cambio sus compañeros trabajaban de manera activa, renovándose cada día, sin olvidarse también de rezar por ellos. Muchos de los que viven con dolor, han confirmado que se sintieron reconfortados con este nuevo método, ya que de alguna forma su sufrimiento era compartido y a su vez convertido en redención. La persona que se encargó de la organización de los Colaboradores para los Enfermos y Sufrientes fue Jacqueline de Decker, alguien muy especial, el «segundo yo» de la Madre Teresa de Calcuta, o como también le gustaba decir a la Madre, su segunda *alma gemela*.

Jacqueline de Decker nació en Bélgica. Su padre era un hombre de negocios con posibilidades económicas que tenía plantaciones en Brasil e Indonesia. Sin embargo, la economía familiar dio un giro y perdieron casi todo lo que poseían. Entonces fue cuando Jacqueline decidió estudiar Enfermería y Primeros Auxilios y prestó toda la ayuda de la que fue capaz durante el periodo de guerra. A la edad de 15 años sufrió un accidente de tráfico, en aquellos primeros momentos los médicos no vieron el alcance real de sus lesiones. Con tan sólo diecisiete años le llegó la vocación, rápidamente se dio cuenta de que quería ser misionera. Deseaba ir a la India y servir a los que más lo necesitaban, y así lo hizo. Según llegó a este país comenzó a vivir acorde con el modo de vida hindú: llevaba sari, comía en el suelo. Pero lo más importante fue que en seguida empezó a prescindir de todo tipo de comodidades, vivía tal y como lo hacían los pobres. Durante su estancia en la India, conoció a un sacerdote jesuita que le habló de la Madre Teresa, una monja que parecía estar haciendo lo mismo que ella, había dejado su hogar para realizar una labor social en la India al lado de los más pobres entre los pobres. Jacqueline quiso conocer inmediatamente a esa alma gemela que tenía las mismas inquietudes que le habían conmovido a ella. Se vieron por primera vez cuando la Madre Teresa estaba en Patna, en la Misión Médica que le habían asignado como condición para empezar con *su obra*. En poco tiempo llegaron a conocerse bien, tenían muchas cosas en común y por encima de todo les unía su amor a Dios, su entrega a los pobres, y su empatía por la India. No hacía falta esperar más, la hermana Teresa había encontrado a la persona que buscaba, así que le invitó a formar parte del difícil proyecto que tenía pensado llevar a cabo; fue la primera a la que se lo propuso y Jacqueline estaba feliz. Sin embargo, el clima y las incomodidades de la India hicieron que las secuelas del accidente se agravaran, le dijeron que lo mejor era regresar a Bélgica, le dolía muchísimo la espalda y debían tratarla. En Bélgica descubrieron que padecía una enfermedad de columna complicada por la tendencia de su cuerpo a producir tumoraciones. Las primeras manifestaciones no tardaron en llegar, un día se le paralizaron los brazos, después un ojo y a continuación la pierna derecha. Para evitar la parálisis total debía pasar varias veces por quirófano. En la primera intervención le aplicaron una prótesis en la nuca y en dos partes más de su cuerpo. Estuvo un año entero con el cuerpo entero escayolado porque al mes tuvo que someterse a diversas operaciones para colocar doce prótesis para sus vértebras. Las cosas se pusieron feas y ese inicio de dolor de espalda se convirtió en una enfermedad degenerativa que le impediría llevar a cabo el sueño de su vida: estar con los pobres en la India y formar parte de la obra de la Madre Teresa. Además de las numerosas intervenciones, durante años tuvo que llevar un collar ortopédico en el cuello, un corsé de hierro y un par de muletas para caminar, Jacqueline padeció un intenso sufrimiento.

Desde que se fue de la India mantuvo una correspondencia periódica con la Madre Teresa, fueron cartas emotivas y sinceras cargadas de comprensión y amistad. Cartas que implicaban recorrer un camino por la vida de estas dos mujeres, al tiempo que eran un reflejo de la obra de la Madre y del inicio de la enfermedad y padecimientos de Jacqueline, la cual se encontraba profunda-

124

mente abatida por la imposibilidad de ser Misionera de la Caridad. Precisamente en estas cartas aparece la primera idea de la Madre Teresa para solucionar la tristeza de Jacqueline, le propuso algo bastante inusual hasta el momento, *unirse espiritualmente a la congregación y compartir el mérito, las oraciones y el trabajo con su sufrimiento y oración*, la idea era *ser su hermana espiritual y convertirse en Misionera de la Caridad, con su cuerpo en Bélgica, pero su alma en la India.* La Madre sentía un gran amor por esta mujer y por todos los que como ella sufrían, pero lo que por encima de todo quedó claro con esta propuesta fue la constatación de una de las bases más importantes de la congregación: intentar no cerrarle las puertas a nadie que quisiera formar parte, de una manera u otra, de la labor de las Misioneras. Por cada paralítico, incurable o lisiado habría una hermana que rezaría, pensaría y escribiría por ellos todos los días, en definitiva sería su «segundo yo».

Desde su apartamento en Amberes, Jacqueline dirigió la Asociación Internacional de Colaboradores para Enfermos y Sufrientes e hizo todo lo posible para poner en contacto a los que padecen una enfermedad con una hermana Misionera, a pesar de su delicada y dolorosa situación no cesó en su trabajo. El «segundo yo» de la Madre Teresa creó una cadena de aproximadamente cinco mil enfermos y sufrientes que procedían de muy diversos países, algunos ya murieron y fueron restituidos por otros con una situación semejante, eso siempre sería lo que les mantendría unidos.

Jacqueline de Decaer murió, pero consiguió sobrevivir a su ahijada espiritual. La Madre Teresa fue a verla siempre que pudo, de hecho la última visita se la hizo un par de meses antes de su muerte, en junio de 1997 cuando viajaba en silla de ruedas y era acompañada por una cardióloga.

8.5. Hermanas de la palabra. Colaboradores de vida contemplativa

Constituyen la tercera rama de colaboradores y forman la faceta contemplativa. En general nacieron como religiosas de clausura que ofrecían su apoyo espiritual a la obra de las Misioneras de la

Caridad por medio de sus oraciones y sufrimientos. Las hermanas tenían tres horas de oración en casa y una en la parroquia (para las novicias el tiempo de oración era de ocho horas). Otras dos horas las dedicaban a salir a la calle y hablar de Jesús a quien las quisiera oír. No pretendían hacer discursos públicos y mucho menos en plazas o calles de mucho tránsito, sencillamente se limitaban a acercarse a los que deseaban escucharlas. La tercera *alma gemela* de la Madre Teresa fue un sacerdote francés, el padre Georges Gorrée, encargado de coordinar esta rama de colaboradores de vida contemplativa. El padre Gorrée hizo mucho en Francia hasta su muerte en el año 1977. Uno de sus mayores méritos fue la activación en el mundo francófono del gemelaje espiritual entre conventos de clausura y centros de las Misioneras de la Caridad. La Madre Teresa deseaba que cada centro de las Misioneras estuviera unido espiritualmente con un monasterio de vida contemplativa, donde lo principal fuera orar para que Dios bendijera la labor activa de sus hijas. Cuando vino a España quiso encontrar un convento que amadrinara el de las hermanas, el padre Martín Patino, entonces arzobispo de Tarancón recomendó que fuera el de las carmelitas del Cerro de los Ángeles.

La actividad contemplativa también se registró en las Constituciones de las Misioneras de la Caridad. *La contemplación es un don de Dios a cada Misionera de la Caridad. Nuestra vida de contemplación consiste simplemente en darnos cuenta de la permanente presencia y del tierno amor que Dios nos demuestra en las cosas más pequeñas de la vida.*

El instituto de las Hermanas de la Palabra se creó en Estados Unidos, aunque muchos pudieran pensar que lo normal hubiera sido hacerlo en la India. Sin embargo, fue una decisión meditada, porque en Nueva York la gente estaba más preparada, más madura que en la India para este tipo de actividad. Además tanto Nueva York, donde por cierto las novicias contemplativas vestían completamente de blanco, como Londres eran lugares donde se hacía especialmente necesario encontrar un sitio para el silencio, la vida transcurría demasiado deprisa.

En realidad, las Misioneras de la Caridad formaban (y así persiste) una sola congregación religiosa y tenían la opción de pasar de la rama activa a la rama contemplativa cuando quisieran. De hecho, la Madre Teresa apuntó en alguna ocasión que le hubiera gustado retirarse entre las hermanas contemplativas para llevar una vida exclusiva de oración, estar únicamente con Jesús y no hacer ninguna otra cosa. *Siempre he deseado ser una contemplativa: permanecer con Jesús todo el día, pensar sólo en Él, hablar sólo de Él.*

La Madre reflexionaba y atendía a cada persona de manera individual, es más, pensaba que la única manera de que cambiaran las cosas no era empezando por modificar los gobiernos, sino por cada hombre. Cada persona debía experimentar su propio cambio, si cada individuo lo hacía, entonces se podrían llegar a replantear las grandes estructuras, porque de qué estaban hechas sino de hombres. La Madre entendía que todo lo que ocurría a nuestro alrededor era responsabilidad de cada uno de nosotros, sin embargo al mismo tiempo pensaba en un todo, porque la humanidad era obra de Dios, y ésa era también su concepción de la vida. Le parecía que todos nos complementábamos. Cada ser humano debía averiguar para qué circunstancia concreta Dios nos había llamado, y a partir de ahí estar dispuesto a servirle. El trabajo que las hermanas hacían en los suburbios, nosotros no éramos capaces de realizarlo, sin embargo, el trabajo que nosotros estuviéramos desarrollando, según cuál hubiera sido nuestra llamada, seguramente nunca lo podrían hacer las Misioneras y así lo entendían. Por eso, la Madre hablaba de una recíproca complementación: *todos juntos, vosotros y nosotros, estamos llevando a cabo algo hermoso para Dios.*

El gran proyecto de la Madre Teresa estaba en contar con una congregación gloriosa en el cielo, la congregación que sufre en la tierra (los hijos espirituales) y la congregación militante: las hermanas que están en el campo de trabajo. Las tres congregaciones formaban una sola. No se trataba de diferenciar varios mundos, sino de dedicarle tiempo a todas las facetas de la vida para llegar a una sola realidad, a una sola verdad. Muchas veces dijo que no había dos mundos, como se tendía a pensar sobre todo en lugares como Occidente (materia y espíritu) sino uno solo donde cabía todo.

Como parte del crecimiento espiritual las hermanas consideraban que era importante dedicarse tiempo a uno mismo, conocerse y creer en nuestras posibilidades. Para explicar esto citaban una frase de San

Agustín: *Llenaos primero vosotros mismos: sólo así podréis dar a los demás.* El conocerse a uno mismo implicaba ser humilde: ser consciente de las virtudes, pero también de los defectos y de las limitaciones, a partir de ahí podíamos esforzarnos en mejorar y en corregir errores. Según iba pasando el tiempo, decían las hermanas que era más fácil aceptar a los demás y sus debilidades porque nos íbamos dando cuenta de que las debilidades de los demás eran también las nuestras, todos somos humanos y por tanto todos tenemos la misma naturaleza. Digamos que las hermanas entendían que todos teníamos una maldad potencial donde se podían resumir todas las debilidades, conocerse significaba ser consciente de esta limitación para aceptarlo primero e intentar rectificarlo después.

PARTE IV. MADUREZ
IX. EL DINERO

9.1. La mendicidad y el rechazo del poder. La Providencia

Mendigar en la India era una tradición. Durante siglos, religiosos y maestros han necesitado de la ayuda de gobernantes para salir adelante. La Madre Teresa se acomodó a esta situación y si era necesario mendigar para financiarse, lo haría. No tenía muchas más opciones, debido a su voto de pobreza, dependía exclusivamente de la caridad, así que a través de cartas de mendicidad y viajes de mendicidad empezó a conseguir medicinas, comida, y ropa usada para sus pobres.

El contacto con la extrema pobreza, sólo hizo reforzarle sus creencias. Pero su modo en lo concerniente a la mendicidad tenía matices, porque para ella era muy importante de donde procediera el dinero, no era algo que valiera por sí mismo, por el hecho de ser dinero. Desde un principio rechazó la idea de una subvención del gobierno o al menos tuvo serias dudas. Cuando abrió la escuela de Mothijil barajó la posibilidad de una subvención pero en seguida comprendió que estaba en contradicción con su voto de pobreza y lo que era peor: podía condicionarle su libertad. *Desde el fondo de mi corazón recé fervientemente porque nada estropeara nuestra absoluta pobreza y unión con «Él». Nunca he comprendido mejor que ahora que no soy nada.* La corporación municipal de Calcuta subvencionó durante un tiempo con una cantidad fija mensual el Hogar del Moribundo abandonado. No siempre pudo decir no desde un primer momento, pero en cuanto pudo, les comunicó que ya no necesitaban de su ayuda.

La Madre Teresa, terminó por rechazar las ofertas que, poco a poco, le fueron surgiendo de tener unos ingresos fijos. Quizá porque esas ofertas, la mayoría de las veces tenían condiciones implícitas, como por ejemplo utilizar los intereses y no el capital; o porque conllevaban otros deberes, como el trabajo de una contabilidad. La Madre, por un lado, no estaba dispuesta al hecho de usar los intereses pero no el capital porque entendía que el dinero no servía para nada guardado, había que utilizarlo según iban surgiendo las necesidades y no quería convertir su obra en un negocio. Por otra parte, pensaba que el llevar una contabilidad distraería a algunas de las hermanas del *verdadero trabajo,* que como sabemos era amparar a los que nadie quería y todo el tiempo del mundo le parecía poco para esta labor. Le daba igual que el dinero procediera de un particular, del propio gobierno, o que se tratara de una pensión de la Iglesia, cada fuente le originaba unos perjuicios distintos según era su manera de pensar y actuar. Por eso una de sus máximas siempre fue Dios proveerá.

Con todo lo dicho anteriormente, no es de extrañar que a su vez tuviera prohibido a sus hermanos y colaboradores la recaudación de fondos. Quería proteger su labor de todo lo que pudiera suscitar opiniones equivocadas, como que eran un grupo de personas cuya finalidad consistía en recaudar fondos. No era ése su objetivo, ni tampoco pedir a la gente una cantidad fija al mes. Los donativos, que en realidad era de lo que vivían, se enviaban a la superiora regional, y se utilizaban de inmediato, la misma superiora se encargaba de decidir su asignación. El criterio dependía exclusivamente de la urgencia que tuviera cada una de las casas de la zona.

Según estas convicciones, el dinero que recibían nunca se guardaba, se gastaba y se utilizaba en el momento, bien en medicinas, comida o ropa, tanto para la gente del lugar, o si el donativo era cuantioso, para misiones concretas, como pudo ser en una ocasión para la Europa del Este. Es una muestra más de la importancia relativa que el dinero tenía para la Madre Teresa; el dinero nunca fue sagrado, lo que sí consideraba sagrado era el *dinero del sacrificio.* Es decir, que el dinero tenía su importancia porque lo necesitaba para socorrer las necesidades más básicas de los que servía, pero sólo lo quería para eso, para nada más, y sobre todo era consciente de lo que a ella le costaba conseguirlo, y más impor-

130

tante que eso, de lo que a los demás les costaba ganarlo: *El dinero procede del sacrificio. La gente que lo da hace un gran sacrificio.* La Madre Teresa sabía por qué decía esas palabras, había muchas personas que le daban donativos, es cierto, pero no todos eran gente adinerada, muchos se saltaban comidas o compraban ropa más barata para poder ofrecer algo a las Hermanas de la Caridad, incluso hubo casos, y seguramente los seguirá habiendo, de gente que llegó a donar su primer sueldo cuando su familia estaba pasando apuros económicos. Este dinero tenía para la Madre Teresa mucho más valor que cualquier suma cuantiosa, porque procedía del sacrificio.

Este asunto era peliagudo y ofrecía algunas posibilidades de confusión, por eso la Madre Teresa se esforzó en aclarar un aspecto fundamental, que no hubiera dudas al respecto. Quería que la gente supiera que todo el dinero que recibían, alimentos, medicinas, y demás donaciones lo empleaban exclusivamente para los pobres atendidos por las Misioneras de la Caridad; ni las hermanas ni los colaboradores recibían (ni reciben) ningún tipo de retribución por el trabajo que desempeñaban, la Madre siempre dijo que no necesitaba nada para ella misma y así fue. A aquellas personas que acudían con la intención de ayudar, pero no sabían cómo hacerlo, por dónde empezar, nunca les pedía dinero, ni que a priori le dieran nada, es más, ella prefería que la gente no colaborara con una cantidad fija a la semana o al mes (porque como ya hemos mencionado, los compromisos a plazo fijo les suponían a las hermanas perder el tiempo en recaudar dinero y contabilizarlo) no lo permitían ni en la India ni en ningún otro lugar. Simplemente les aconsejaba que tomaran contacto con los necesitados, que vieran lo que se estaba haciendo, porque así, seguramente, ellos mismos averiguarían lo que podían hacer o por dónde deseaban empezar. Otra cosa distinta es que la gente deseara hacer sacrificios para con la obra, y entregaran donativos, por propia iniciativa, si lo hacían voluntariamente entonces ese dinero era bienvenido. La Madre tenía como principio no rechazar lo que la gente le ofrecía, si venía de personas con posibilidades económicas lo aceptaba porque consideraba que tenían lo suficiente como para vivir cómodamente, si por el contrario, el dinero provenía del esfuerzo también lo aceptaba, porque a pesar de quedarse sin nada, había comprobado que se truncaban las ilusiones de la persona que se lo ofrecía, hace pocas líneas hemos visto casos de gente que daba todo lo que tenía, y eso sí que era importante. De ahí que la Madre Teresa siempre considerara que el dinero entregado tenía valor no dependiendo de la cuantía, sino como hemos dicho antes del sacrificio. Se trataba de dar algo de lo que nos costara desprendernos, no de aquello que nos sobrara pues no quería que simplemente tranquilizáramos nuestras conciencias, es más el hecho de dar no necesariamente tenía que limitarse al dinero o estar ligado a lo material, era importante que hubiera la voluntad de compartir.

La Madre acostumbraba a decir sobre el reparto de donaciones y las Misioneras de la Caridad, *el dinero es algo de lo que nunca nos preocupamos. Nos llega siempre. Es Dios quien nos lo envía, porque dependemos de la Divina Providencia.* Hay una anécdota que ilustra muy bien la creencia y confianza de la Madre en dicha Providencia. En todo el tiempo que se dedicaron a los pobres, nunca tuvieron que decirle a nadie que acudiera en su ayuda que no podían acogerle, y mucho menos por motivos económicos, siempre había un plato de arroz para alguien más (estamos hablando de que las hermanas se hacían cargo diariamente de casi 30.000 personas sólo en Calcuta). En una ocasión ocurrió lo impensable, y es que se acabaron las provisiones de alimentos, no se podría dar arroz durante los dos días siguientes, no había suministros. Era la primera vez que sucedía y la Madre Teresa no salía de su asombro. Al día siguiente por la mañana, las hermanas recibieron un camión lleno de pan, las escuelas se habían cerrado y nadie sabía cuál era el motivo. La realidad es que el pan que estaba destinado para dar de comer a los niños en los colegios había sido redirigido para la obra de la Madre Teresa. Y aunque nadie encontraba explicación, ella sabía que Dios lo había hecho porque era la única manera de que comieran sus pobres.

Confiar en la Providencia era una de sus máximas, una manera de pensar implicaba muchas cosas. Lo fundamental era vivir el presente sin agobiarse por el futuro, no hacían demasiados planes aunque tuvieran que establecer ciertas previsiones dada su responsabilidad. Por tanto, muchas veces se lanzaban a hacer cosas que no estaban planificadas, las hermanas reconocían que este método les funcionó a menudo. Salían adelante con lo que les llegaba y de la forma que les llegara, con flexibilidad. En definitiva la Providencia les confería una verdadera libertad.

Mucha gente no entendía que trabajara entre los pobres cuando los ricos también podían hacerlo y además tenían mucho más poder que ella. Traducido con otras palabras, había gente que pensaba que eran precisamente los que tenían poder económico los que podían arreglar la situación. Su respuesta a tales planteamientos volvió a ser clara: *si los ricos cuentan con la veneración de monjas y sacerdotes, los pobres también pueden tener el amor y devoción de unos cuantos. Me alegro de ser la «Hermana de las Chabolas» por Su amor y gloria.*

9.2. Ser pobre es ser libre

A lo largo de estas páginas hemos hablado de muchas cosas, de la vocación de la Madre Teresa, del inicio de su obra, de lo difícil que fue ponerla en marcha, de cómo se empezó a extender, de la apertura de nuevas casas, de todas aquellas personas a las que atendió… pero si hay algo que une todo lo que hemos expuesto, lo único que dio sentido a su vida fue su amor a Dios a través de los pobres. Su vocación, las «llamadas», su modo de vida y método de trabajo, el objetivo de su obra, cada paso que dio lo hizo exclusivamente por y para ellos, eso no hay que olvidarlo nunca, al igual que ella se lo recordó constantemente a las hermanas, hermanos, voluntarios y colaboradores, a todos aquellos que se acercaron a trabajar con las Misioneras de la Caridad les insistía en que la característica primordial debía ser la pobreza, para entender a los pobres había que vivir como ellos, para caminar a su lado, para ayudarles y darles amor, había que sentir como ellos. En cada pobre estaba Dios, en cada persona afectada por la lepra, incapacitados, niños abandonados, mujeres moribundas, indigentes, alcohólicos, drogadictos, en todos aquellos a los que nadie quería, los más pobres entre los pobres, en todos ellos estaba Dios; por eso le resultaba fácil amar a todos. A pesar de que existían millones y millones de pobres, ella sólo pensaba en uno a la vez. Eso no quiere decir que se atendiera a todos los pobres por igual, a todos se les amaba de la misma manera, con la misma intensidad, pero cada uno recibía una atención personalizada, tomaban a cada persona, a uno solo por vez, porque *no se puede salvar más que uno por uno.*

La Madre Teresa decía que en la actualidad se habla mucho de los pobres, se habla de cuál es su situación, cómo se podría solucionar, de cuántos pobres hay en el mundo, cómo viven… pero nadie habla a los pobres. Un grave problema, sobre todo porque consideraba que eran nuestra gran esperanza, se estaban convirtiendo en esperanza de salvación para la humanidad. Hablar de los pobres estaba de moda, pero conocerlos, amarlos y servirlos era otra cosa muy distinta.

Una de los aspectos que más le importó a la Madre Teresa fue ser aceptaba por los pobres, quería dedicarse a ellos, para eso quería que no vieran a las hermanas como extrañas, que llegaran a sentirse entre iguales. De ahí que fuera tan estricta en el modo de vida que instauró para la congregación. Sus comidas eran sencillas, rechazaban las exquisiteces. Carecían de ventiladores así como de estufas, aguantando las drásticas temperaturas de invierno y verano, al igual que ocurría a los pobres. Tampoco poseían televisores, ni radio, ni aparato alguno que pudiera proporcionarles algún tipo de relajación. Caminaban a pie, lloviera, nevara o hiciera calor, o en su defecto utilizaban el transporte público, porque así vivían los pobres. Prescindían de sus privilegios para obtener una habitación privada en un hospital para ocupar una cama en un pasillo. Limpiaban ellas mismas el Hogar del Moribundo como un acto de amor a Dios a través de los pobres. Muchas personas llegaron a opinar que con estas actuaciones, la Madre Teresa y sus hermanas, sólo estaban desperdiciando sus vidas y quemando sus capacidades. Para la Madre, la única manera de entender lo que hacían era tomando a Cristo como modelo y fin de sus vidas, sólo así cada uno de sus gestos cobraban sentido.

En el modo de vestir también guardaron la semejanza con los pobres. Desde el comienzo de la obra hasta el momento (es algo que ha permanecido invariable, se ha convertido en algo más, en su distintivo) llevaron un sari blanco; en la India el color blanco es el de los pobres, las franjas de color azul simbolizan la modestia de María. También llevan un cinturón de esparto, que significa su pureza angelical y una cruz de madera, en la parte superior izquierda del pecho como muestra de su amor a Dios. Las sandalias simbolizan la libertad de su elección. Así, el hábito constituye para las Misioneras un recordatorio de su elegida separación del mundo y sus vanidades, la pobreza es su libertad y su fuerza.

La Madre expuso en muchísimas ocasiones que era imprescindible renunciar a todo para sentirse libre, *la pobreza es nuestra más absoluta libertad,* de ahí que una de las principales labores fuera que las novicias y postulantes comprendieran que era necesaria una pobreza espiritual y, lo más importante, una pobreza material. Sólo cuando comprendían qué era la pobreza, entonces podían crecer espiritualmente mediante su fe en Jesús. Eso sí, las hermanas de la Madre Teresa nunca impusieron a los demás sus rigores de austeridad y pobreza. En los lugares abiertos al público, como las capillas semipúblicas donde se imparte misa abierta los domingos y días festivos, tienen calefacción y aire acondicionado. Por supuesto también en los dormitorios para ancianos abandonados y enfermos de sida.

Una vez entendido esto y puesto en práctica, si cabe, la Madre Teresa transcendía un poco más. Los pobres significaban una fuente continua de enseñanza, sobre todo en lo que se refería a demostración de actos de amor. La fe, la resignación y la paciencia en los sufrimientos era la mejor muestra de ello, por este motivo hablaba de una gran deuda de gratitud para con ellos, de alguna manera, los pobres también eran intermediarios de la obra de Cristo. Eran tan grandes que no necesitaban de nuestra compasión ni condescendencia. Había que amarlos pero no con compasión. Para ejercer la caridad no había que ser compasivos, había que sentir amor. De ahí que no consistiera únicamente en dar dinero.

Una voluntaria de Londres habló sobre este asunto: caridad, amor, compasión, ayuda práctica; una serie de aspectos que era necesario compaginar con delicadeza. Ella había observado que algunas personas se sentían humilladas cuando se les ofrecía

135

ayuda de una manera práctica, porque la verdad es que a casi nadie le gustaba que hicieran cosas por él; ella había comprobado que estos recelos se solucionaban si había cariño en el trato. Era algo que había que hacer progresivamente, había que ganarse el cariño de esas personas poco a poco, buscar puntos de contacto, entablar una primera conversación... al menos así había sido su experiencia personal. Lo que los pobres querían era ser tratados con dignidad, igual que se trataba al resto de las personas, en definitiva deseaban ser tratados como seres humanos. La autenticidad de los pobres estribaba en que eran exactamente lo que se veía, no tenían nada que demostrar ni nada que ocultar. *Cuando lo que se posee es lo que se tiene no queda más remedio que ser uno mismo.* Sabían con claridad lo que era importante, las cosas esenciales de la vida.

La Madre Teresa (y otra mucha gente) estuvo convencida de que su particular voto de pobreza había sido la causa de que en cualquier lugar del mundo las hermanas hubieran sido respetadas. Tanto en la India, como en cualquier otro lugar, las hermanas se pudieron mover durante mucho tiempo con absoluta libertad.

Muy numerosas han sido las reflexiones de la Madre acerca de este tema, muchas las frases y muchos los mensajes para que nunca nos olvidáramos de qué era lo fundamental, *cuanto más tengamos, menos podremos dar, mejor que tengamos menos, para darlo todo a Jesús.* Ya que lo recibían todo gratuitamente, también gratuitamente debían darlo. Las hermanas nunca dispusieron de entradas, de sueldos, ni de seguros, tampoco de manutención eclesiástica. *Nosotras no tenemos nada. Creo que Dios quiere mostrar su grandeza al utilizar la «nada».* La pobreza era su dote.

9.3. Lejos de la política

La política no le interesaba, ni le gustaba, ni la compartía, sólo le interesaban las personas. Sin embargo, a pesar de esto, tuvo relación y habló con los más altos cargos y representantes políticos del mundo. La diferencia es que para la Madre Teresa todos éramos iguales, y hablaba con ellos con la misma accesibilidad que lo hiciera con los pobres, con la salvedad de que a cada uno le pedía cosas diferentes.

Podía entrar en el despacho del primer ministro de Bengala Occidental cuando quisiera y a la hora que quisiera y así lo hacía. Él era ateo y dirigente de un gobierno marxista, pero tenían en común lo más importante, el amor a los pobres.

Con el emperador de Etiopía ocurrió algo bastante inverosímil, como todo lo que precedía a la Madre Teresa los acontecimientos acababan tomando cariz de casi milagro. Con bastantes problemas, en 1973, la Madre consiguió programar una misión en Etiopía, justo un año antes del golpe de Estado que derribó al emperador. Todo el mundo le avanzó, para que no se desanimara, que muchas organizaciones religiosas habían intentado desarrollar su trabajo en Etiopía sin ningún resultado. Pero, la Madre Teresa, tan práctica como siempre, en seguida se dio cuenta de con quién tenía que hablar, porque era quien le iba a dar la solución, era con el propio emperador Haile Selassie. Tal como lo pensó lo consiguió, gracias a una reunión con la hija del mismo concertó una audiencia con él. Sólo hicieron falta cuatro escasas frases para que todo quedara claro entre ellos, estos fueron los términos de la conversación:

Solamente he venido para ofrecer a mis hermanas que trabajen con las personas pobres que sufren. Daríamos una atención gratuita y dedicada a los más pobres entre los pobres. El emperador le dijo: *Veo que tienen un concepto diferente. ¿Predican a la gente y los intentan convertir?* A lo que la Madre Teresa le contestó: *Nuestras obras de amor revelan a los pobres que sufren, el amor que siente Dios por ellos.* Haile Selassie finalmente dijo: *He oído sobre el buen trabajo que hace. Estoy muy contento de que haya venido a vernos. Sí, deje que sus hermanas vengan a Etiopía.*

Un año después, durante el tiempo que estuvo encarcelado, la única persona que podía visitarle era la Madre Teresa y con el tiempo ayudó a que le pusieran en libertad.

Siguiendo con este país, estableció contacto con una de las personas más poderosas que había entonces en el mundo, el presidente de los Estados Unidos, Ronald Reagan, como era habitual por pura necesidad. Era el año 1981 y la Madre Teresa acaba de regresar de Etiopía. La vida de miles de personas corría peligro a causa de una enorme sequía, y aunque había llevado de Calcuta toneladas de alimentos y medicinas, apenas servían para un cuarto de la población. Además no había coordinación entre las organizaciones de ayuda internacionales, la Madre Teresa estaba realmente preocupada por este asunto, no dejó de darle vueltas hasta que se le ocurrió una idea brillante, escribir una carta al entonces presidente de los Estados Unidos. Al transcurso de una semana recibió una llamada del mismo Ronald Reagan en la que le garantizaba que la ayuda llegaría lo más rápidamente posible. Los alimentos y medicamentos llegaron y la coordinación entre organizaciones mejoró notablemente.

Todo el mundo sabía que pedía, o para los pobres o para las hermanas, pero nunca para ella. Nadie dudaba de eso, por eso siempre fue bien recibida, desde, el entonces presidente de Francia, Mitterrand, el primer ministro de Reino Unido, el rey de Bélgica, el de España, presidentes de Estados Unidos como Reagan y Bush; paradojas de la vida, reyes, princesas y emperadores, la cuna del poder, la consideraban *una amiga*. Parece que nadie pudo resistirse a esa pureza de sentimientos, a esa bondad sin límites y a ver de cerca el más claro ejemplo de la verdad y el amor.

A pesar de esto no siempre consiguió sus propósitos, a señalar es el caso de la guerra entre Irak y Estados Unidos en el año 1991. Hay muchas pruebas para demostrar que nunca quiso meterse en política y que así lo hizo, pero llegó una situación especialmente grave con la que se vio en la necesidad de intervenir, mínimamente, a su manera, pero de intervenir. Ante la amenaza de la Guerra del Golfo, la Madre Teresa dio un consejo urgente a los que ella consideraba podrían evitarla, al presidente de los EE.UU, Bush padre, y al presidente de Irak, Sadam Husein. Les envió una carta que decía lo siguiente:

54ª A.J.C. Bose Road
Calcuta 16

2 de enero de 1991

Queridos presidente George Bush y presidente Saddam Hussein:

138

Les suplico con todo mi corazón que trabajen, que se esfuercen por la paz de Dios y por reconciliarse mutuamente. Comprendo bien que cada uno de ustedes tenga su propio interés y sus pueblos, de los que ocuparse. Pero traten, ante todo, de escuchar a Aquél que vino al mundo para hablar de paz. Ustedes poseen el poder y la capacidad de destruir la presencia e imagen de Dios, destruyendo a sus hombres, mujeres y niños. ¡Por favor, presten atención a la voz de Dios! Dios nos ha creado para que nos sintamos amados por su amor, y no para que nos destruyamos con nuestros odios. En el breve plazo puede haber vencedores y vencidos en esta guerra que a todos nos aterra, pero que jamás podrá justificar ni justificará el sufrimiento, el dolor y la pérdida de vidas que producirán sus armas. Me dirijo a ustedes en nombre de Dios, del Dios al que todos amamos y compartimos, para suplicarles por los inocentes, por nuestros pobres del mundo entero y por los que se volverán pobres por causa de la guerra. Son ellos los que más sufrirán porque carecen de medios para huir. Les suplico de rodillas por ellos. Ellos tendrán que sufrir, y cuando semejante cosa ocurra, somos nosotros quienes nos sentiremos culpables por no haber hecho todo lo que podíamos para protegerlos y mostrarles nuestro amor. Les suplico por aquéllos que quedarán huérfanos, viudas; por quienes quedarán solos, porque sus padres, sus maridos, sus hermanos e hijos habrán sido asesinados. Se lo suplico: ¡Sálvenlos! Les suplico por todos aquéllos que se quedarán mutilados y desfigurados. Se trata de hijos de Dios. Les suplico por los que quedarán privados de hogar, sustento, de cariño. Considérenlos hijos suyos. Les suplico, por último, por cuantos quedarán despojados del don más precioso que Dios nos puede dar: la vida. Les pido que salven a nuestros hermanos y hermanas, suyos y nuestros, porque es Dios quien nos lo da para que los amemos y les ofrezcamos nuestros cuidados. No tenemos derecho alguno de destruir lo que Dios nos ha dado. ¡Por favor! ¡Por favor! Dejen que sus pensamientos y sus voluntades sean el pensamiento y la voluntad de Dios. Ustedes tienen la capacidad de traer la guerra al mundo o de construir la paz. ¡Por favor! Elijan la senda de la paz. Mis hermanas y yo, y nuestros pobres, estamos rezando intensamente por ustedes. Todo el mundo ora para que abran sus cora-

zones al amor de Dios. Ustedes pueden ganar la guerra, pero ¿cuál no será el coste por parte de las personas que quedarán heridas, mutiladas y aniquiladas? Apelo a ustedes, a su amor, a su amor a Dios y a sus semejantes. En nombre de Dios y de aquellos que por ustedes caerán en la pobreza, les suplico que no destruyan la vida y la paz. Permitan que el amor y la paz triunfen, y dejen que sus nombres sean recordados por el bien que han llevado a cabo, por la alegría que han esparcido y por el amor que han compartido. Tengan la bondad de orar por mí y por mis hermanas, ya que nos esforzamos por amar y servir a los pobres, porque ellos pertenecen a Dios y son amables a sus ojos. También nosotras y nuestros pobres rezamos por ustedes. Pedimos que amen y nutran lo que Dios ha confiado con tanto amor a sus cuidados. Que Dios les bendiga ahora y siempre.

M. TERESA, MC.

Si la carta fue iniciativa de la Madre Teresa, o fue impulsada por el papa Juan Pablo II, como han apuntado algunos, no quita lo significativo y relevante del hecho sobre todo por lo excepcional. No hay constancia de que esta carta fuera conocida por la opinión pública como acto de discreción y respeto. A pesar de los esfuerzos la guerra no se detuvo, lo que sí ocurrió es que al término de la misma fue invitada por el ministro de sanidad iraquí para ayudar a los que habían quedado huérfanos y desvalidos.

La Madre Teresa no podía imaginar que su carta estaría vigente doce años después. Desgraciadamente, la madrugada del 19 de marzo de 2003, EE.UU. con el presidente George Bush hijo a la cabeza atacaba Irak. La historia se repetía. Y al igual que le ocurrió a la Madre Teresa, ni las protestas de la población mundial, ni las manifestaciones multitudinarias en todos los lugares del mundo, ni hasta la intervención del papa Juan Pablo II, pudieron evitarla. Los resultados fueron catastróficos, y aún hoy la situación sigue siendo terrible. El país está completamente desestabilizado, la violencia se repite cada día y no hay nadie que sea capaz de asumir el poder en el país.

Como nunca quiso inmiscuirse en política, tampoco quiso dar consejos al respecto. Sin embargo alguien le preguntó un día qué aconsejaría a los políticos, no pensaba entrar en ese asunto tal y como de costumbre, pero le salió algo muy espontáneamente: *Creo que los políticos pasan demasiado poco tiempo de rodillas. Estoy segura de que serían mejores políticos si lo hicieran.* Y a eso se reducían sus planteamientos en lo referente a tomar decisiones que afectaran a los demás, pensaba que si todo el mundo adoptara esa actitud las cosas mejorarían y serían muy diferentes para cada uno de nosotros.

9.4. Los Gandhi. Un fuerte vínculo con la Madre Teresa

La Madre Teresa no llegó a conocer a Mahatma Gandhi, pero sentía que era una especie de alma gemela, sobre todo en cuanto al sacrificio y compasión que ambos compartían, a pesar de que nunca se vieron, los paralelismos entre los dos están latentes.

El propósito de ambos fue ser tan pobres como los que más, identificarse con ellos viviendo como ellos. De ahí que Mahatma llevara un *dhoti* que era lo más parecido a un taparrabos y la Madre Teresa un sari en lugar del hábito característico del convento.

Mahatma buscó un auge de los valores fundamentales, así como ensalzar la naturaleza cultural de la India, lo que significaba aunar todas las creencias. La Madre Teresa evitó la política pero los dos sabían en qué consistía el simbolismo y el poder que suponía.

La estrategia de Gandhi fue aplicar la *antiviolencia* como arma, creó lo que llamaban un *satyagrada*, una lucha antiviolenta por la verdad, alentaba incluso a aguantar el dolor físico, sin oponer resistencia hasta que el adversario se rendía por vergüenza. La Madre Teresa realizó un trabajo realmente duro que se convirtió en una extensa obra por todo el mundo. Su *leiv-motiv* fue la pobreza mediante la cual alcanzó la libertad. Ambos veían con toda claridad un poder en aquel inocente que sufría.

En cuanto a la valentía propiamente física, Mahatma quiso acabar con los asesinatos introduciéndose en aquellas revueltas más violentas y ofreciéndose como ejemplo, ya que llegó a ingresar en prisión. La Madre Teresa también pensaba que su vida no era lo importante, siempre prevaleció el estar dónde y cuándo se la necesitaba con el peligro que eso conllevara.

Dos personas tremendamente comprometidas y revolucionarias al tiempo que conservadoras con sus doctrinas de origen.

Con Indira Gandhi, a la que sí conoció, la Madre Teresa tuvo una relación especial porque llegaron a ser amigas. Sus sentimientos no tuvieron ninguna vinculación con la política, de hecho tuvieron puntos de vista muy distintos en asuntos muy concretos. La realidad era que la Madre siempre fue bien recibida tanto para la primera ministra Indira Gandhi como cuando su hijo Rajiv llegó a ser primer ministro. Al igual que quedaron claras sus diferencias con el programa de esterilización que adoptó el gobierno durante la Emergencia (la Madre habló en contra de ello) quedó claro, de la misma manera, su profunda amistad cuando en 1977 Indira Gandhi perdió las elecciones generales y fue excluida del poder, la Madre Teresa fue a verla porque era su amiga. Así habló alguna vez Indira Gandhi de la Madre Teresa: *Cuando la veo me siento completamente humilde, siento el poder de la ternura, la fuerza del amor.*

La Madre Teresa tenía claro que quería trabajar para la paz, pero no que eso llevara implícita la condición de meterse en política. Estaba convencida de que la guerra era una consecuencia política, ésa era su razón más poderosa para no implicarse en ese terreno. *Si me involucrara en la política dejaría de amar, porque tendría que defender a unos pocos y no a todos. Esa es la diferencia.*

X. OCCIDENTE

10.1.   El sufrimiento y la alegría. ¿Se complementan?

La Madre Teresa y sus hermanas y hermanos no entendían la vida, su obra, su amor, su pobreza y su dedicación sin alegría. El amor era un acto de generosidad y en sí mismo generaba felicidad. La pobreza era una opción, una opción que como tal, suponía libertad y por lo tanto entendían que alegraba el espíritu. Estar alegre a su vez era una forma de demostrar a Dios y a las personas su gratitud. Ésta era la secuencia lógica de sus pensamientos. Sentían que la generosidad era la mejor fuente de alegría.

Para la Madre Teresa el trabajo que desempeñaban era realmente bonito, y por eso consideraba que no tenían ningún motivo para estar tristes. Todo lo hacían por y para Jesús.

Conocían a madres que habían perdido a sus hijos, niños que habían perdido a sus padres, ancianos abandonados, enfermos terminales. A veces era difícil arrancarles una sonrisa, se encontraban profundamente solos, pero la Madre Teresa llegó a afirmar que en general estaba más acostumbrada a ver rostros que sonreían que lo contrario, lo que le confirmaba su convicción de que una sonrisa llevaba a otra y de que era una de las mejores medicinas. Entendía la sonrisa como una terapia, y la recomendaba como práctica habitual y diaria; a todo el que se acercaba le comentaba que debíamos sonreírnos más, que en el fondo era una actitud ante la vida y que no éramos capaces de poner en práctica algo en apariencia tan simple; le daba pena pensar que ni siquiera tuviéramos tiempo o ganas para mirarnos y sonreírnos. Dentro de la congregación la sonrisa era una práctica obligada. Era necesario ser amables y bondadosos para que no hubiera nadie que, habiendo estado en contacto con ellas, no hubiera sentido una mejoría, más felicidad. Su trato con los demás debía representar bondad y transmitir una sensación de acogida y eso a veces se conseguía con una mera sonrisa, una caricia o una mirada. Si Dios nos daba alegría era para compartirla con los demás, para hacerles partícipes, para ofrecérsela y transmitírsela, ése era el verdadero objetivo de la felicidad.

A lo largo del libro hemos ido recogiendo los testimonios de algunos voluntarios, voluntarias o colaboradores que conocieron a la Madre Teresa y trabajaron con las hermanas. Uno de estos voluntarios habló sobre el trabajo de las misioneras, pero sobre todo habló de su alegría. Decía que cuando entró en contacto con las Misioneras de la Caridad se encontró exactamente con lo que aparentaban ser (que no es poco), pero se encontró con algo más, esa autenticidad tenía todo el sentido porque siempre estaban alegres y esa alegría era real. A este respecto una de las hermanas decía que no debía extrañarnos ya que la alegría había sido la carta de presentación de los primeros cristianos.

La Madre Teresa hablaba de no desanimarse ante los problemas y las dificultades porque en el fondo era una muestra de vanidad, el desánimo no era más que el reflejo de que habíamos confiado más de lo debido en nuestras posibilidades. Aun siendo consciente de que este planteamiento era muy difícil, aportaba una posible solución y ésta radicaba en la humildad. La misma humildad que aplicaban a otros hechos de la vida, era necesario que la tuvieran siempre presente para comprender que no podían resolver todos los problemas que surgían y que alcanzaban sus ojos.

A veces, muchas veces, la Madre reflexionaba sobre el odio y el rencor que había en el mundo y pensaba que sólo los gestos de amor, con la alegría y la paz podrían combatirlo.

En lo relacionado con el sufrimiento y la manera de compaginarlo con la alegría, entramos en un asunto delicado. Uno de los apartados donde más se desarrolla este tema y donde quedan más reflejados los pensamientos y actitudes de la Madre Teresa en cuanto al dolor, es en el de los Colaboradores Enfermos y Sufrientes. Ahí se ve la íntima relación de la Madre con todo aquél que sufría. Había que aceptar el sufrimiento con alegría porque en el fondo, ¿de qué servía quejarse? La Madre Teresa diferenció cinco tipos de sufrimiento: físico, mental, emocional, financiero y espiritual. Tenía claro que a todos nos llegaría alguna vez en la vida alguna de estas dolencias, o en el peor de los casos de manera conjunta.

La vida de las Misioneras estaba dedicada por entero a los pobres, y por extensión muchos de los pobres con los que trataban sufrían sobremanera, aunque esto no era una realidad exclusiva de ellos (ya hemos visto lo que se padece en los países ricos). Lo cierto es que el contacto con el dolor era constante y era muy difícil encontrar una explicación a tanto dolor y tanta desigualdad. La Madre Teresa confesó que se sentía desvalida e incluso incapaz ante el sufrimiento de los seres humanos, por eso la única alternativa era pensar que ese estado les acercaba a Jesús, sólo podía decirles que Dios les amaba. Era su razonamiento más lógico, el que aplicaba plenamente convencida, el que transmitía paz y serenidad, porque lo que siempre pretendió, para lo que vivió fue para aliviar este sufrimiento. Considera el sufrimiento como algo inherente al ser humano, y decía que debíamos esperarlo como algo normal, al fin y al cabo era un aspecto más de la vida.

La Madre fue una mujer de acción, a pesar de su necesidad contemplativa, era consciente de lo mucho que había por hacer. De ahí que dijera que la mejor manera de amar era demostrando las cosas, y no con simples palabras bonitas. Había que amar hasta sentir dolor, incluso pensaba que el amor para ser auténtico tenía que doler, porque Jesús nos amó con dolor, tanto que llegó a morir por nosotros. Ahora, pensaba que nos había tocado el turno de hacerlo por él.

Para las hermanas el sufrimiento y la alegría convivían, eran compañeros de viaje. Podemos pensar que cada enfermo de lepra al que curaban, cada moribundo al que arrancaban una sonrisa, cada niño al que daban un hogar, eran pequeños o grandes milagros, que cada día que pasaba y llegaban a otro lugar del mundo, que cada minuto que dedicaban a acariciar a una mujer sola, que cada gesto cargado de amor, eran pequeños o grandes milagros; para las misioneras el verdadero milagro era ser felices a pesar de todo.

Por eso, a pesar de lo hablado en cuanto al sufrimiento, hay que recalcar que la actitud de las hermanas, y por supuesto de la propia Madre Teresa, fue siempre de alegría. No hacían su trabajo con pesar, como si estuvieran soportando una carga, muy al contrario su espíritu estaba feliz porque decían que en cada uno de sus actos servían a Dios. Esta felicidad era algo que llevan con orgullo y con honor e incluso era una forma de pensar y actuar que recogieron dentro de su Constitución. Sabían que la gente necesitaba el cariño y el amor tanto como el servicio que recibían a nivel asistencial.

10.2. Occidente

La Madre Teresa habló a menudo de Occidente, de su forma de vida, de sus carencias, de su evolución. Era un tema que le preocupaba especialmente, sobre todo porque ella entendía que estaba discurriendo por un camino equivocado.

La Madre observaba mucho y veía que en lugares como la India la gente estaba llena de necesidades, muchos estaban solos y morían en la indigencia, otros eran rechazados por su enfermedad o por una cuestión social, pero sentía que toda esa pobreza no era de espíritu. Sin embargo, la pobreza de Occidente era para ella mucho mayor que la de lugares como la India, porque se trataba de una pobreza espiritual, mucho más grave que la pobreza física de los lugares que algunos llamaban en vía de desarrollo; solía decir muy a menudo *la soledad es peor que la pobreza física*. Por eso recalcaba que aunque también había gente viviendo sola o gente rechazada en Occidente, la diferencia con otros lugares era que nadie se preocupaba de ellos. A este propósito, la Madre distinguía dos tipos de pobreza: la que suponía una falta de cosas materiales, como ocurría en lugares como Etiopía o la propia India, donde la gente padecía hambre real y verdadera (no sólo de pan, si no que no tenían nada para llevarse a la boca) y luego había otra pobreza más profunda que la del hambre, era la falta de amor y la aparición de la soledad; el sentirse rechazados, despreciados y abandonados, era una pobreza peor que la material que predominaba en los países occidentales. La Madre Teresa exponía que en Occidente la gente no rezaba, no creía en Dios y las personas no se preocupaban unas de otras, simplemente se volvían la espalda. Demasiada

146

gente vivía sola en casas aisladas, sin familia, y sin nadie que se preocupara por ellas y ocurría sobre todo en las grandes ciudades. Las Misioneras de la Caridad se han preocupado por estas personas igual que por los pobres de la India. De hecho, una de las medidas que tomaron, por ejemplo en el hogar de Nueva York, fue organizar un día para todos aquéllos que se encontraban en circunstancias difíciles, sería como una reunión social donde podrían relacionarse con otras personas, establecer nuevos vínculos afectivos e incorporar un poco de felicidad a sus vidas, al menos de ilusión. En esta reunión comprobaron que el contacto personal era esencial.

La Madre Teresa creía haber encontrado el motivo del descontento que imperaba en Occidente, la causa principal era que la gente no se sentía feliz con lo que tenía, casi nunca sus posesiones les parecían suficientes. Como no sabían sufrir se abandonaban a la desesperanza, algo que terminaba resultando mucho más difícil de remediar. En Occidente, las personas actuaban en función del beneficio, de manera que se entraba en una rueda de productividad de la cual era muy difícil salir. Como todo se medía según los resultados, el objetivo era ser más y más activos para producir más. En Oriente, especialmente en la India, opinaba una de las hermanas, que la gente se preocupaba más por ser. Para ellos era fundamental el hablar con otras personas, no medían el tiempo, podían estar hablando una mañana entera, sentados debajo de un árbol, charlando, sin pensar que pudiera significar una pérdida de tiempo. *Estar con alguien, escucharle sin mirar el reloj y sin esperar resultados nos enseña algo sobre el amor.*

En algunas declaraciones la Madre habló de que los pobres sufrían un maltrato muy específico por parte de los más privilegiados de la sociedad, se les había considerado inútiles, ladrones, perezosos, haraganes, y sacudía las conciencias diciendo que entre todos les habíamos despojado de lo más valioso que poseen las personas, esto no era el dinero, sino la dignidad.

La Madre Teresa hacía una reflexión final del asunto. Todos éramos seres humanos y todos teníamos las mismas necesidades. A pesar de que la vestimenta, el color de la piel, el tipo de cultura o el nivel económico y social fueran muy diferentes entre las personas, todos éramos iguales. Por eso no había grandes diferencias entre unos países y otros, todos estaban formados por seres humanos que merecían y necesitaban amor. En el fondo, todos, sin excepción, anhelamos ser amados, es una característica universal, un derecho por el que vivió la Madre Teresa y que defendió hasta el final de sus días.

10.3. Demasiado ruido. La importancia del silencio

Cuando la Madre Teresa hablaba de la pobreza espiritual de Occidente, exponía que era muy difícil encontrar a Dios en medio de tanto ruido. Para pensar, para reflexionar, para encontrar la tranquilidad, hacía falta silencio. Occidente representaba el caos, la inquietud, el ir y venir de gente, muchas veces la actividad por la actividad, porque era necesario ocupar el tiempo: eso entraba directamente en confrontación con dedicarnos a nuestro espíritu, o como ella decía, con alimentar el alma. Y la razón de que esto ocurriera era necesariamente por la actividad, ya que las hermanas misioneras tenían muchas cosas que hacer (es más, no daban abasto para llevar a cabo todas las funciones que tenían que desempeñar) además de la desgana y el esfuerzo que significaba pensar y enfrentarse a uno mismo, y por el entorno que contribuía a ello. A pesar del agitado ritmo en el que estaban inmersas las hermanas, tenían perfectamente establecidos los turnos de meditación, misa y oración, no había nada que pudiera privarles de estas horas diarias, porque era lo que les permitía seguir adelante con su trabajo, hacerlo con agrado y de la manera más efectiva. Ése era del tiempo del que hablaban, ése era el silencio tan necesario que no respiraban en Occidente, no gozaban del silencio interior, ni del exterior.

En realidad, también era difícil para las hermanas encontrar un tiempo propio de meditación, porque la intimidad es algo que falta cuando se ha elegido una vida de pobreza. Por eso, era importante que cada uno se esforzara por buscar y aprendiera a ejercitar un lugar dentro de sí mismo, que significara esa intimidad para rezar, pensar, hablar y estar con Dios. Las hermanas así se encargaron de hacerlo.

Para las Misioneras el silencio era posiblemente algo más que para el resto, era el lugar desde donde hablaba Dios y desde donde se podía hablar con Dios. Porque en definitiva, ¿qué era sino rezar?, hablar con Dios. A todos aquellos que deseaban encontrar a Dios pero no sabían cómo, las hermanas aconsejaban que empezaran por rezar, era lo básico, la manera de estar en continuo contacto con Jesús. Había que desmitificar que sólo se pudiera rezar en una iglesia, o en una capilla. Se podía rezar por la calle, en el trabajo, en casa... cualquier sitio y momento era bueno.

El silencio era una fuente inagotable de bienestar, podía darnos comprensión, respeto, convivencia, se podían aprender muchas cosas del silencio. La Madre explicaba una concatenación de hechos con respecto al silencio, una especie de silogismo que era un reflejo más de su concepción de la vida: *El silencio lleva a la caridad. La caridad a la humildad. Caridad de unos con otros, aceptándonos mutuamente a pesar de las diferencias. La caridad, como vínculo de unión en una comunidad. La caridad lleva a la humildad. Tenemos que ser humildes.*

XI.   LA RELIGIÓN

11.1.   Es necesario ser religioso

La Madre Teresa contó con ayuda desde un primer momento para poner en marcha sus proyectos. Además de monjas, había voluntarios como médicos, enfermeras y maestros que deseaban prestar su ayuda. Pero a la Madre había algo que no le convencía, empezó a notar que estas personas a veces no podían ir, o que cuando iban tenían una hora concreta a la que marcharse ya que tenían que atender a sus respectivas familias. Eso le hizo darse cuenta de que no era un trabajo que a los laicos les resultara fácil, tenían otras responsabilidades que atender, no podían tener como única actividad las chabolas. De ahí que ella creyera en la necesidad de ser religioso para desempeñar este tipo de trabajo.

11.2.   El respeto. La base para una convivencia de todas las religiones

Entre las muchas cosas que consiguió la Madre Teresa, una de las más importantes fue que las religiones existentes en la India pudieran convivir y respetarse. Había serios conflictos entre hindúes y musulmanes, así como con los cristianos, a lo que había que sumarle las divisiones que se generaban dentro de cada religión dando lugar a sectas y diferentes grupos religiosos. Ella logró que todos acudieran a la Misioneras de la Caridad sin ningún tipo de prejuicio. Respetó a todas las religiones por igual, porque si algo tenía claro era que había un mismo Dios para todos y que por encima de cualquier tipo de religión estaban siempre las personas.

151

Eso lo supo transmitir como nadie lo había hecho hasta entonces. Respetaba a todo el que acudía en su busca, de esa manera se ganó indistintamente el respeto de todo el que la conoció, aunque fuera de oídas, hasta tal punto que en la India se llegó a valorar por encima de cualquier religión su trabajo, sin que a nadie le importara que fuera cristiana. El cristianismo que practicaba la Madre Teresa hacía que muchos no cristianos lo respetaran con toda franqueza.

Hay muchos ejemplos en el día a día para ver hasta qué punto la tolerancia hacia los seres humanos y sus creencias eran una máxima. Por citar algunos casos, decir que la mayoría de los niños que llegaban y llegan a los hogares de la Madre, a Shishu Bhawan, no estaban bautizados, sin embargo jamás se le pasó por la mente que recibieran el bautismmo, para ella hubiera sido parecido a cometer un pecado. Lo mismo ocurría cuando moría alguien en Kalighat, siempre se les sometía al acto de la cremación, tal y como establece la tradición hindú, con la excepción de que se conociera su origen, en tal caso, si eran cristianos o musulmanes se procedía con el rito correspondiente.

Nunca tuvo ningún problema para rezar con gente de distinta religión. Sabía que había muchas religiones y que cada una tenía su modo para llegar a Dios. Ante la sospecha o el rumor que circulaba por algunos ámbitos de la India sobre su intención de convertir al cristianismo ella decía. *Yo sí convierto. Te convierto a ser mejor hindú, mejor católico, mejor musulmán o budista.* Estaba convencida de que uno era o no de Dios dependiendo de cómo viviera su vida, no dependiendo de si era hindú, musulmán o cristiano. Lo que en verdad le gustaba era ayudar a cada persona a encontrar su Dios, luego era decisión de cada uno lo que quisiera hacer con Él. Algunas personas de la calle le preguntaban directamente por este asunto, y aunque las respuestas muchas veces eran diferentes dependiendo del caso, todas confluían en el mismo punto. Ella pensaba que cuando alguien poseía algo de verdad importante deseaba compartirlo con sus amigos y seres allegados, y eso era lo que le pasaba con Jesús. *Por mi parte, estoy persuadida de que Cristo es lo mejor del mundo. Mi deseo sería que todos los hombres lo conociesen y amasen como yo lo conozco y lo amo. Pero la fe en Cristo es un don de Dios, que lo da a quien Él quiere.* Ante estas declaraciones, la gente se quedaba muy tranquila, por un lado veían que la Madre Teresa no tenía ninguna pretensión oculta, lo que decía era lo que hacía, más allá de su religión sentía que había un mismo Dios para todos. Por otra parte, sólo estaba dispuesta a ayudar a encontrarlo a quien lo deseara.

Michael Gomes (aquel hombre que le prestó su casa la primera vez que llegó a Calcuta), del que ya hemos hablado, dijo sobre este asunto. *No podemos verla con ojos católicos, ni hindúes, sino sólo con ojos humanos, ya que ella no discrimina a nadie. Ella respeta todas las religiones y personas. No es que no sea una buena católica. Lo es; pero no es algo exclusivo en su vida. En su misión está presente una gran iluminación. Ella tiene algo que no es tangible como imaginamos.* Su director espiritual, el padre Celeste van Exem, también destacó el respeto de la Madre hacia todas las religiones del mundo: *Para la Madre Teresa la religión no es lo único importante: es todo. Es la religión lo que hace que ame a todo ser humano. Su vida es el amor a Dios, a quien ve en los pobres.*

Pero lo cierto es que consiguió una coexistencia de religiones en la India, en un país como Yemen, de mayoría musulmana, las Misioneras de la Caridad han sido el único colectivo cristiano que existe. La Madre manifestó a este respecto que nunca las hermanas presentaron recelos o dificultades a la hora de trabajar en países con una religión diferente a la que ellas profesaban. Por el contrario sentían un profundo respeto hacia todos, ya que en cada uno veían a los hijos de Dios. *La fe es un don de Dios, nuestra tarea consiste en ayudar tanto a cristianos como a no cristianos a realizar gestos de amor.*

11.3. Fiel a la doctrina católica

La Madre Teresa fue una católica convencida que defendió todos y cada uno de los preceptos del catolicismo y por extensión el papel de la Iglesia. En consecuencia era lógica la importancia que la Madre le daba a la celebración de los sacramentos. Así mismo hemos visto, cómo su mentalidad también estaba acorde

153

con lo que la Iglesia pensaba respecto al aborto, la planificación familiar natural, y la manera de entender la sexualidad, al igual que la importancia de la familia y lo que ella suponía. También llevó una vida en absoluta coherencia con lo que Jesucristo proclamó, algo que hasta el momento se puede decir que han hecho muy poquitos católicos.

Hay quien dice que la Madre Teresa nunca se desvió de la doctrina de la Iglesia, posiblemente porque no pudo, y posiblemente porque no quiso. Debido a esto, estaba convencida de la necesidad y eficacia del sacramento del bautismo. Muchos sacerdotes con algunas ideas más modernas intentaron hablar de este asunto con ella, le decían que ésa no tenía porqué ser la mejor opción, pero ella les decía que ninguno de los dos se iban a convencer mutuamente, por lo que era mejor dejar el tema. De la misma manera, estaba convencida del sacramento del matrimonio. A este respecto decía que había muchas personas que no se casaban, no porque no quisieran, sino porque no podían, tales eran los gastos económicos que muchas veces no podían hacer frente a la situación y entonces se unían para vivir juntos. No entendía estas uniones como una cuestión de placer sino como algo circunstancial, es más, pensaba que igual que pasaba con el matrimonio ocurría con el bautizo de los hijos, etc.

Para la Madre, la Iglesia era su familia, y como en toda familia, entendía que había que luchar por una convivencia, había que intentar ser capaces de vivir juntos. La Iglesia les proporcionaba lo que los religiosos necesitaban para llevar a cabo su labor: sacerdotes, misa y sacramentos. Pensaba que Dios estaba en todas partes y por tanto también en la Iglesia, pero no sólo en la católica sino que estaba presente en todas las religiones. Para la Madre la religión católica no suponía una limitación, como muchos pensaban.

Como miembro de la Iglesia y dado su papel activo, sobre todo siendo mujer, mucha gente quiso saber lo que pensaba de aspectos que la opinión pública se cuestionaba continuamente. Cosas como qué papel tenía la Iglesia en el momento actual, cuál era su futuro y principalmente cuál era su opinión sobre el papel de la mujer dentro de esta institución. Un tema, sobre el que por cierto

La Madre Teresa tuvo una buena relación con el papa Juan Pablo II basada en la compresión y admiración mutua.

afirmó en una ocasión que *María habría sido el mejor sacerdote de todos y sin embargo se llamaba a sí misma y fue siempre la sirvienta del Señor*. Tanto la Madre Teresa como las Misioneras de la Caridad tomaron como modelo a la Virgen María. En general, a estas cuestiones respondía que no tenía tiempo para pensar en esas cosas, que tenía demasiado que hacer en su trabajo diario como para atender esos temas. Para la Madre era sencillo: Cristo era el cabeza de familia y para él la Iglesia continuaría siendo la misma, ayer, hoy y mañana. El amor estaba por encima de todo y los conflictos siempre serían pasajeros.

Sólo hubo un tema con el que la Madre Teresa no permitió concesiones: con la planificación familiar fue más conservadora que nunca. Enseñaba planificación familiar natural *dentro de la ley de Dios y sin cometer pecado*, era su manera de conseguir que las familias permanecieran unidas mediante el dominio de uno mismo dentro del amor mutuo, la buena salud estaba garantizada y al mismo tiempo podían tener un hijo cuando lo desearan.

Una de las bases del catolicismo tiene que ver con el perdón, generalmente precedido del sentimiento de culpa. Ante cualquier hecho que no hubiéramos querido hacer, del que nos sintiéramos arrepentidos, la religión católica ofrecía el perdón a través de un sacerdote. Nada debe intranquilizarnos porque si nuestro arrepentimiento es verdadero obtendremos el perdón de Dios. De todas maneras, la Madre Teresa hizo una observación sobre este asunto, y es que independientemente de la religión de la que seamos siempre era bueno aprender a pedir perdón a Dios. Es más, era bueno aprender a pedir perdón a nuestros semejantes porque no sabemos si estaremos vivos a la mañana siguiente, por lo que era importante solucionar las cosas en cada momento y no dejarlas para el día siguiente. Todos nos hemos encontrado en situaciones en las que necesitábamos el perdón de un amigo, familiar, compañero, o incluso de alguien desconocido. Igual que nos gustaría recibir ese perdón, nosotros debemos saber perdonar a quien nos lo pide, es harto complicado pedir perdón cuando nosotros no somos capaces de perdonar.

La Virgen María fue una figura clave en la vida de esta santa. En su bolso de esparto siempre llevaba una pequeña estatua de la

Virgen, también unas medallas muy sencillas de la Milagrosa que a menudo regalaba.

11.4. La Madre Teresa y el papa Juan Pablo II

La Madre Teresa tuvo una buena relación con el papa Juan Pablo II basada en la compresión y admiración mutua. Fueron numerosas las veces que propiciaron un encuentro. De hecho alguien comentó que el Papa le había pedido a la Madre que fuera a visitarle siempre que pudiera, sobre todo si estaba de paso por Roma, como ocurría frecuentemente en la década de los ochenta.

Por su parte, la Madre Teresa se refería a él como *Santo Padre,* porque así lo veía, le consideraba de verdad un auténtico Padre. De manera recíproca el Pontífice visitaba a la religiosa, en particular tuvo especial interés por ver el Hogar del Moribundo Abandonado. Tal fue la impresión de lo que vieron sus ojos, que fue entonces cuando Karol Wojtyla quiso saber qué podía hacer por los más pobres. La Madre Teresa, consciente de que había recibido numerosos donativos del Vaticano, le pidió literalmente *un trozo del Vaticano para los pobres.* Fue una de las cosas que más le agradeció la Madre Teresa, por lo que suponía de quitar algo de esa imagen de riqueza y esplendor que siempre había caracterizado a este lugar para dar cobijo a los pobres. Juan Pablo II comentó a menudo que ante esta petición no pudo negarse, es más se alegró de poder prestarle su ayuda. El Papa, cuando podía, también acudía al comedor a servir a los pobres. En definitiva, el Pontífice admiraba a la Madre Teresa y su férrea defensa de los valores más tradicionales de la Iglesia y le tenía un profundo cariño y respeto.

XII.   LA PERSONALIDAD

12.1.   Los premios, la publicidad y las entrevistas.
Algo que le incomodaba

Lo que hacía la Madre Teresa lo hacía sin esperar nada a cambio, no deseaba reconocimientos ni felicitaciones, lo único que le hacía sentir bien era saber que servía a Dios a través de los pobres. La sonrisa de un moribundo, o la mirada de un niño era lo que de verdad le llenaba el corazón. Sin embargo fue inevitable que el mundo se sobrecogiera ante su obra y expresara lo que eso le había hecho sentir, quizá en el mundo que vivimos se entienda que la mejor manera de hacer un reconocimiento es otorgando un premio. Fueron muchos los que la Madre recibió y de muy diversa índole, para hacernos una idea, fueron tantos que ni siquiera se pudieron contabilizar. A pesar de la incomodidad que le producían decidió aceptarlos en nombre de los pobres, porque ellos sí que se los merecían.

A veces decía cosas como: *si voy al cielo ha de ser a cuenta de todo lo que tengo que soportar por causa de la publicidad,* y es cierto que le desagradaba profundamente, aunque al mismo tiempo sabía que era la única forma de que se conociera la obra a lo largo del mundo, por eso, en otras ocasiones, reconocía que si acudía a los actos públicos a los que era invitada era porque se le brindaba la oportunidad de hablar de Jesús. Cuando llegaba el turno de hablar en público confesaba que lo que hacía era dejarse llevar y que Dios hablara por ella.

Como todo lo que hacía en la vida, cuando finalmente accedía a ciertas peticiones, aunque no estuviera de acuerdo lo hacía de buen agrado. Algunos de los periodistas o biógrafos a los que conoció a lo largo de su vida se convirtieron en sus amigos. Todo el que la conoció, los profesionales que se acercaron a ella sufrieron cambios en sus vidas y por pequeños que fueran estos cambios eran notables. Existió un caso, el de Malcolm Muggeridge, que se puede decir que fue crucial para la vida de ambos. Fue el primero que rodó en Calcuta, y que hizo un documental sobre la obra de la Madre Teresa, en particular del Hogar del Moribundo Abandonado. Sabía del rechazo de la Madre a la publicidad y en este caso a la exhibición de su obra. Imaginó que la Madre no querría aparecer en las imágenes, de manera que recurrió el arzobispo de Westminster, el cardenal Heenan para que le hiciese una carta de recomendación que poder mostrar a la religiosa. Una carta donde exponía el bien que podía hacer el reportaje por lo que le rogaba accediera a intervenir. La religiosa aceptó y, como siempre que hacía actos de este tipo, dijo algo así como: *Ya que es así, hagamos algo hermoso para Dios*. Muggeridge pensó que no podía haber un título mejor para el documental que: *Algo hermoso para Dios*.

La Madre Teresa se entregó por completo a la causa, las cámaras habitaron durante unos días el Hogar del Moribundo Abandonado como un elemento más. Ella hizo el trabajo de todos los días, sin sufrir ninguna perturbación, haciendo lo que era habitual: cuidar a los enfermos, hablar con ellos, atenderles; las cámaras se impregnaron de esa autenticidad. La luz era muy escasa pero la calidad resultó sorprendente, algo que al periodista le pareció casi un milagro.

El documental se proyectó en la BBC al tiempo que un partido de futbol que acaparaba la atención de las tres cuartas partes de la población. Fue un éxito absoluto. Supuso que el mundo occidental conociera la obra y personalidad de la Madre Teresa y se sensibilizara con la causa. Se pidió la reposición e incluso se ha llegado a decir que esta obra fue determinante para que a la religiosa le otorgaran el Premio Nobel de la Paz.

Muggeridge no era católico sino anglicano y en general bastante escéptico. Hizo el trabajo con sinceridad pero no fue capaz de sobreponerse a su arraigado escepticismo. Es más, después de aquel trabajo le hubiera gustado impregnarse de la fe de la Madre Teresa. Se convirtió en su amiga, pero no podía olvidar las atrocidades que a su juicio había cometido la Iglesia católica.

Son pocas las cosas que dejaría de hacer para no complacer a la Madre Teresa. No deja de constituir una gran tentación para mí dejarme guiar por ella y entrar en la Iglesia católica, sólo por ser la suya. Pero todo me dice que sería un error (...). Por mi parte sería un engaño, y no puedo, querida Madre Teresa, adherirme a la fe, a un mínimo de fe, por un impulso simulado. Soy plenamente consciente de que, aun deseando ardientemente una solución diferente, la campana no toca para mí. Ni siquiera hay un hueco para mí en la balaustrada donde los cristianos se arrodillan para recibir el cuerpo de Cristo. Sería un extraño allí. A fin de cuentas, la Iglesia es una institución con una historia propia: con un pasado y un futuro. Tomó parte en las cruzadas, organizó la Inquisición, entronizó a papas escandalosos y favoreció monstruosas iniquidades. Bajo el punto de vista institucional, estas cosas resultan perfectamente comprensibles, y hasta, humanamente hablando, excusables. Pero en la Iglesia como portavoz de Dios sobre la tierra, perteneciente no a la tierra sino a la verdad eterna, esas cosas no tienen excusa. Por lo menos, por mi parte.

Este corresponsal de guerra se convirtió al catolicismo el 27 de noviembre de 1982, fecha en la que se bautizó junto con su esposa Kitty Dobbs. Tenía setenta y nueve años, estaba retirado y escribiendo su último libro, su viaje espiritual a la conversión que le dedicó a su mujer.

Pero el caso de Muggeridge no fue el único, un periodista italiano dijo sobre ella unas palabras tan bonitas como estas:

La Madre Teresa te miraba los ojos y te apretaba la mano como si te conociera desde siempre, como si en el mundo no hubiese nadie más que tú. No necesitaba presentaciones, no quería saber por qué ibas a su encuentro. No obstante, experimentabas de inmediato la sensación de poder tener en ella toda la confianza de una madre que lo comprende todo, que comprende siempre.

La primera vez que la Madre Teresa apareció en televisión fue en 1960 en la cadena estatal de televisión del Reino Unido, estaba de paso por Londres y apareció en un noticiario.

La Madre recibió tantos premios que ha sido muy difícil contabilizarlos, ni las propias hermanas ni los colaboradores sabían de la cantidad de premios que le habían sido otorgados. Por esta razón sólo podemos hablar de los más simbólicos y significativos. Fue en el año 1960 cuando le permitieron a la Madre Teresa abrir la primera casa fuera de Calcuta. Llevaba tiempo queriendo abrir una institución para enfermos de lepra, en la ciudad del Taj Mahal, Agra. Por causas ajenas a su voluntad tuvo que posponer el proyecto, porque no tenía suficientes fondos. Con la concesión del premio Ramón Magsaysay de Filipinas todo cambió y el Hogar para afectados por la lepra en Agra se convirtió en realidad.

En 1962 se le entregó la Orden de Loto, por vez primera la India otorgaba un premio a alguien no nacido en ese país; después de catorce años, su país de adopción le reconocía su trabajo. Aunque como siempre quiso rechazarlo porque no consideraba haber hecho nada para merecerlo, el arzobispo de Calcuta le animó a aceptarlo por los más necesitados. Según llegó a Calcuta le colocó la medalla a una pequeña Virgen que había en el Hogar de los Moribundos de Kalighat, ella era quien verdaderamente se lo merecía. A partir de ese momento, esa pequeña Virgen se empezó a llenar de cada vez más condecoraciones.

Con el premio de la Fundación Kennedy la Madre fundó un hogar para niños con retraso mental, cualquier tipo de minusvalía y para niños espáticos, estaba en Dum Dum, Calcuta. El nombre del centro fue Nirmala Kennedy Centre, ya que la Fundación Kennedy investigaba sobre el retraso mental, las distintas causas y los posibles tratamientos.

En 1971 recibió de Pablo VI el premio Juan XXIII de la Paz, que estaba recién instituido con el nombre de su predecesor. Se quiso mostrar así al mundo una obra tan ejemplar.

Algunos miembros de la familia real británica admiraban profundamente el trabajo de la Madre Teresa. El primer miembro de la familia que la conoció fue el príncipe Felipe, ocurrió con motivo de la entrega de un premio. Fue la primera persona que recibió el premio Templeton para el Progreso en Religión, en Londres. Un premio que era incluso más valioso que el Premio Nobel, su propósito era *estimular el conocimiento de Dios para la humanidad en todas partes.* La Madre Teresa fue elegida por nueve jueces de las principales religiones del mundo, entre dos mil nominaciones recibidas de ochenta países. Cuatro años después, en 1977, sería nuevamente el príncipe Felipe quien le haría entrega del doctorado *honoris causa* en Teología.

Quizá uno de los premios más importantes, el que tuvo más repercusión, por lo que representa a nivel mundial, fue el Premio Nobel de la Paz. Fue una alegría generalizada, no hubo nadie que no estuviera de acuerdo en pensar que era la mejor candidata, es más, hacía falta una demostración de que la única forma de conseguir la paz no pasaba por la política. Ella no se sentía merecedora de tal premio, pero finalmente lo aceptó *en nombre de los pobres.* Llegó a Oslo, acompañada de la hermana Agnes y la hermana Gertrude, sus dos primeras postulantes, el 9 de diciembre de 1979. Durante los días que estuvo en la ciudad noruega no paró de conceder entrevistas y de realizar reportajes, otro sacrificio más en su carrera, porque estaba completamente en contra de la publicidad, le resultaba muy difícil seguir el ritmo trepidante de los flashes y las cámaras. El 10 de diciembre de 1979 recibió el Premio Nobel de la Paz en presencia del rey de Noruega, diplomáticos, altos cargos y toda la prensa mundial. El presidente del comité, dijo hablando de ella:

La clave de su trabajo ha sido el respeto a todas las personas y el valor y la dignidad de las mismas. Los más solitarios y miserables, los indigentes moribundos, los leprosos abandonados, han sido acogidos por ella y sus hermanas con una cálida compasión desprovista de condescendencia, basada en esta veneración por Cristo en el Hombre... El dar algo de uno mismo es lo que otorga la verdadera felicidad, y la persona que puede dar es la que recibe el regalo más valioso... Esta es la vida de la Madre Teresa y de sus hermanas: una vida de absoluta pobreza y largos días y noches de trabajo duro, una vida que deja poco espacio para otros placeres, salvo los más valiosos.

Por su parte la Madre Teresa, como ya había hecho en otras ocasiones, precedió su discurso de recepción de una oración, la ple-

163

garia de san Francisco de Asís para la paz; previamente había repartido copias en cada uno de los asientos (el ver cómo todos rezaban en un lugar donde antes no lo habían hecho, le llenó de alegría). Después habló de los pobres, de su generosidad, de su capacidad para compartir, de su grandeza por no quejarse de su situación y mirar siempre para adelante. También habló de la pobreza de Occidente, mucho más grave y preocupante a su parecer, y no dejó pasar la oportunidad de hablar del aborto. Lo más significativo y conmovedor fue que alentó a los organizadores del evento para que la cena de gala se suspendiera y dieran el dinero a los que verdaderamente necesitaban comer. Removió de tal manera sus conciencias que en lugar de la cena le dieron el dinero con el que organizó una gran cena para 2.000 personas el día de Navidad. La gente se quedó tan impactada que además de lo que supuso la cancelación del banquete, hubo donaciones desde Noruega, Suecia, y otros países de Europa, también del ciudadano de a pie que quiso hacer su particular aportación e incluso hubo niños que colaboraron con sus ahorros. Al final consiguió algo más de la mitad del dinero del premio que eran 108.182,18 euros. En Delhi también le hicieron una recepción, y le prepararon una cena, en ese caso lo que provocó es que todos fueran a Nirmal Hriday para que ellos mismos dieran de comer a los internos, eso fue lo que hicieron desde los ministros hasta las personas más influyentes de la India, dar de comer con sus manos a los más pobres y enfermos de la sociedad. A su vuelta a Calcuta tuvo que realizar un mes de retiro espiritual porque, era la segunda hindú que recibía un Premio de la Fundación Nobel y estaba sobrepasada (el primero había sido Rabindranath Tagore, que recibió el Premio Nobel de Literatura en 1913). Cuando la Madre reapareció de su retiro supo que le habían dado otro premio en su país de adopción, el premio más prestigioso de la India, Bharat Ratna.

El 24 de diciembre de 1983 recibió un premio con una categoría distinta, se trataba de un premio de prestigio. Ahora, la monarquía británica le había otorgado otro reconocimiento: la Orden del Mérito, cuyo protocolo le correspondía personalmente a la reina. Durante el acto hablaron fundamentalmente del príncipe Carlos, el cual admiraba sobremanera su trabajo y como la princesa Diana también deseaba fervientemente conocer la obra de la Madre Teresa y a su persona, organizaron un viaje para saber de las Misioneras de la Caridad durante una visita oficial del príncipe en 1992. Fue la época en la que la Madre Teresa estuvo hospitalizada y no pudieron verla.

En todos y cada uno de estos acontecimientos, sin excepción, la Madre Teresa se sentía incómoda, inquieta y fatigada. Su único consuelo era rezar, una manera de recibir la inspiración que le hacía falta para hablar en público. Era tal su intranquilidad que llegó a pedirle al Santo Padre que la eludiera de acudir a tantos actos, que estaba muy ocupada con su congregación, que se encontraba enferma y vieja. El Papa argumentó que lo pensaría, pero lo cierto es que nunca le dio una respuesta y la Madre Teresa tuvo que seguir acudiendo a estos acontecimientos públicos donde continuamente requerían de su presencia. La invitaban a multitud de actos, casi siempre para que fuera como protagonista (algo muy significativo en la Iglesia católica donde, más que ninguna otra, la mujer no tenía cabida, al menos a funciones ministeriales). De ahí la paradoja de cardenales, arzobispos y obispos que la invitaban en momentos de gran relevancia como eran los debates públicos políticos-religiosos. El prestigio, la aceptación y credibilidad de la Madre Teresa era mayor que el de todos ellos. Una credibilidad que se extendía hasta el punto de no tener una oficina de prensa ni un remanente de secretarias. Ella misma se encargaba de todas las gestiones, aunque eso significara quitarle horas de sueño hasta el punto de dormir tres horas algunos días, eran tareas que consideraba de su responsabilidad.

Muy característico de lo que estamos hablando fue la vez que estaba recibiendo otro premio del primer ministro de la India, Narasimha Rao. Una vez en la sala dijo: *Esta publicidad, estas luces, también es una forma de humillación. Lo acepto, así como lo hice con el Premio Nobel, tan sólo en reconocimiento de los pobres.* Cuando la ceremonia iba por la mitad se disculpó porque tenía que regresar a Calcuta. El premio lo vendió y compró medicinas para los pacientes leprosos de Titagarh.

Para la Madre la publicidad no era necesaria, dado que se trataba de la obra de Dios, lo mejor era que se llevara a cabo a su manera. Ella misma había experimentado cómo Dios tenía sus propios métodos para que la obra se diera a conocer, era una de las razones que explicaba cómo las hermanas habían sido bien recibidas en lugares donde a ninguna otra organización, religiosa o no, se les había permitido trabajar.

12.2. Su personalidad. Reflexiones íntimas

Si hay algo que destacar de la personalidad de la Madre Teresa es que era tremendamente práctica, intentaba perder el menor tiempo posible en menesteres que la distrajeran de lo esencial: la ayuda que alguien necesitara en un momento concreto, no podía ni debía esperar. Una mujer con voluntad de hierro y comprometida. De hecho, una de sus características principales tenía que ver con el compromiso, cuando la Madre Teresa se comprometía a algo o hablaba con alguien, aunque no siempre fuera a lo que quisiera dedicar su tiempo, si daba su palabra, dedicaba a esa persona o menester su atención exclusiva. Y no nos referimos sólo a su compromiso con los pobres, que no tenía límites y era para lo que vivía, si no a otras funciones a las que quizás no le hubiera gustado dedicarse como por ejemplo colaborar para que se escribiera un libro sobre ella (fue mucha la gente que quiso hablar con ella y conocerla a lo largo de su vida y a ninguno le negó una palabra, una caricia o un abrazo).

Nunca se vanaglorió de ninguno de sus actos. Fue una mujer humilde, que ejercía, proclamaba y defendía la humildad como una de las cualidades más importantes del ser humano. A menudo dijo que ella no era nada salvo un mero instrumento en manos de Dios. Sin embargo, también le decía a las hermanas que no por ser humildes tenían que sentir miedo de hacer cosas buenas a los ojos de los hombres, era Jesús quién las hacía a través de ellas, por el contrario debían alegrarse ya que eso podía ser una razón más para dar gloria a Dios.

Un voluntario inglés que la conoció destacó como una de sus mayores cualidades la capacidad para hablarle a todo el mundo por igual. Decía más, la Madre hablaba con cualquier persona como si perteneciera a su grupo, ámbito, edad o profesión. No con la distancia que se podría presuponer en una monja de avanzada edad de un país lejano de Asia, sino con la cercanía de una mujer actual que parecía saber de las necesidades particulares y personales de cada uno, daba igual que se tratara del mismísimo presidente de los EE.UU. o de un joven voluntario como del que estamos hablando.

Sobre las dudas y la felicidad lo tenía muy claro, son otros dos de los aspectos que diferenciaron a la Madre Teresa del resto de los humanos. *La felicidad es algo que nadie me puede quitar. Nunca he tenido ninguna duda ni he sido infeliz.* Así lo decía y así lo sentía, porque el sacrificio que ellas practicaban no era un sacrificio triste, no lo podían entender como una pena desde el momento en que lo hacían por Dios. Igual que eran felices tampoco albergaban dudas, porque las dudas les impedían ser libres, obstaculizaban el camino. Querer hacer las cosas bien y no saber si estaban en lo correcto, no lo consideraba dudar sino una especie de miedo o anhelo, algo que se solventaba a través de la oración. En este sentido, la Madre declaró que nunca había dudado de la existencia de Dios, aunque sí había conocido a personas dudosas. Y ésa era la principal razón para no tener miedo, todo lo hacía por Jesús y confiaba plenamente en él, así se despejaban las dudas.

Durante toda su vida, la Madre Teresa estuvo preocupada por crear nuevos centros, para niños, para enfermos, para leprosos, para moribundos… el caso es que el espacio físico se convirtió en una necesidad vital y era vital para albergar a toda esa gente que necesitaba atenciones y cuidados y que no paraba de aumentar. Años más tarde, la Madre Teresa hablaría de este asunto con su particular nota de humor. Fue a raíz de un comentario de un periodista el cual le dijo que había visto una foto suya en la que le estaban enseñando la Casa Blanca y que le pareció que ella estaba algo triste. Entonces le confesó que en aquel momento en el que le enseñaban la foto que había de la Casa Blanca, sólo una cosa le llamó la atención: el espacio. Irremediablemente comenzó a pensar lo que hubiera hecho con tanto espacio: llenar las habitaciones de personas pobres. Era algo que le ocurría siempre, cuando veía mucho espacio vacío le entraban ganas de llenarlo, así lo confirmaba la Madre entre risas.

Hablar de bondad o maldad es algo complicado para cualquiera, también lo era para la Madre Teresa, sin embargo llegó a tener varias ideas claras al respecto. Para la Madre nadie nacía malo por naturaleza, por el contrario pensaba que todo el mundo tenía algo bueno dentro. La explicación que daba para que existiera el mal era que quizá mucha gente no lo sabía, no era consciente, o eligieron el camino equivocado y desconocían las consecuencias. Además había un problema y es que podían transmitir esa opción de vida a otras gentes. Por eso, hablaba de la importancia de estar cerca de estas personas e intentar ayudarlas en la medida de lo posible.

La Madre Teresa tuvo una espinita clavada durante toda su vida y fue la imposibilidad de no ver a su madre desde que se marchó de su país con 18 años. El 12 de julio de 1972 falleció en Tirana, la capital de Albania, Drana Bernaj, su madre. Murió sin haber visto a su hija Gonxha ni tampoco a su hijo Lazar, un sueño que le atormentó mientras vivió pero que deseó encarecidamente en los últimos años sin que se hiciera realidad. El gobierno albanés no permitió que la madre pudiera salir del país ni dejó a su hija entrar (a los dos años de la muerte de su madre, falleció también su hermana Agra), y no fue porque la Madre no luchara por esta causa encarecidamente. En el año 1960 la Madre Teresa, que estaba de paso por Roma, solicitó personalmente en la legación diplomática de Albania ante el gobierno italiano que dejaran salir del país a su madre y a su hermana, pero ni siquiera el embajador de su país de origen acudió a recibirla. Su hermano Lazar le informó de la situación de las dos, pero él no pudo intervenir porque era un fugado político del país que estaba condenado a muerte por su supuesta traición. Sólo cuando en 1991 viajó a Albania para abrir dos casas de la congregación, pudo visitar sendas tumbas y rezar sobre ellas. También rezó sobre la tumba de Enver Hoxha, quien tiranizó al país y fue responsable de su sufrimiento y de otra mucha gente. Era casi una paradoja que aquella mujer menuda, que había conseguido tantas veces abrir puertas imposibles para todo el que se lo pedía, no pudiera hacer algo por su familia, por su madre y por ella misma.

Al menos pudo solucionar algunos vínculos con su familia. Su hermano Lazar se había casado en Palermo con una italiana y habían tenido una hija a la que pusieron el nombre de Aga, por su tía mayor que había muerto en Tirana en 1973. Aga nunca conoció a su tía ni a su abuela paterna, pero sí pudo ver en varias oca-

168

siones a su otra tía, la más celebre y conocida como Madre Teresa. Una de esas ocasiones fue cuando acudió junto con su padre a la entrega del Premio Nobel de la Paz en Oslo. Su última cita con ella fue en Calcuta durante la celebración de su funeral.

En cuanto a la fe, como católica consideraba que era un don, una virtud sobrenatural, un poder o una capacidad. En realidad era algo imprescindible para llevar a cabo su trabajo, igual que se necesitaban las piernas para caminar y los ojos para ver, las Misioneras necesitaban la fe para dedicarse a los demás a través de Dios. Su parte contemplativa era la que, entre otras cosas, les permitía entrar en los misterios de la fe, para intentar cada vez comprenderlos más y hacerlos más creíbles.

La Madre Teresa tuvo una salud delicada, como dicen algunos una débil salud de hierro. Lo cierto es que le acecharon diversas dolencias cardiacas al final de su vida que le condicionaron a llevar una vida más limitada, sin embargo no siempre hizo caso de todas las recomendaciones. Necesariamente tuvo que reducir el ritmo en parte de su rutina, pero no hasta donde llegaban las recomendaciones o consejos de los médicos. No viajaba tanto en avión, visitaba con menor frecuencia las casas creadas en el extranjero, pero en su quehacer diario las actividades que realizaba, seguramente no siempre eran las más recomendables, algo tan simple con subir y bajar escaleras le perjudicaba, y la Madre lo hacía constantemente, si se le reprendía por no hacer caso respondía riendo: *No tengo tiempo de pensar en eso.* Lo mismo sucedía cuando se quedaba hasta altas horas de la madrugada para atender la cantidad de correspondencia y solicitudes que llegaban a diario. Muchos días dormía apenas 3 horas, era difícil comprender su energía y actividad para con el día siguiente; cuando le decían que debía dormir más, sonriente de nuevo comentaba que ya tendría tiempo. Aunque a veces parezca que casi no estamos hablando de alguien humano, por su fortaleza, por la capacidad de sobreponerse a las adversidades, tanto ella como las hermanas Misioneras, trabajaban más que descansaban, porque siempre estaban alegres. Aunque nos dé esa impresión, la Madre Teresa era consciente de que como el resto de las personas tenían sus debilidades, ella tenía las suyas particulares. Debilidades que algunas veces se podían ver externamente y otras, se quedaban en su interior. De ahí que en ocasiones reconociera sentir enfado, no frustración, pero sí enojo ante situaciones muy concretas. Por citar un caso, había algo que la enojaba sobremanera y era el despilfarro, el desperdicio, el desprecio. Sólo hubo una cosa que consiguió entristecerla profundamente mientras vivió, y fue el sufrimiento humano. *Cuando veo a la gente sufrir, me pongo triste. Es un sufrimiento físico.*

Así era la Madre Teresa concienzuda, comprometida, fuerte, tremendamente humana, respetuosa y servil, también directa y sincera, alguien que amó por encima de cualquier otra cosa.

12.3. Opiniones sobre la Madre Teresa. Rumores y críticas

La Madre Teresa se ha convertido en un personaje relevante, ha hecho historia y las consecuencias de su obra aún persisten. Hizo algo revolucionario, y eso siempre tiene una repercusión. Por eso, desde el primer momento y hasta nuestros días las opiniones no han dejado de florecer, también las críticas.

Cuenta Michael Gomes, el hombre que le dio cobijo cuando empezó su obra en Motijhil al salir del Hogar de San José, que una mañana que viajaba en tranvía con la Madre Teresa oyeron que algunas personas cercanas estaban hablando de ella. Decían cosas como que lo que pretendía era convertir hindúes al cristianismo o que su objetivo en el trabajo era captar cada vez más cristianos... Después de un tiempo oyéndoles hablar, les contestó *soy hindú y la India es mía,* entonces quedó claro que había entendido toda la conversación.

Michael Gomes oyó cosas muy dispares sobre la Madre Teresa, comentarios como que no contesta la correspondencia, que el trabajo que hacía no estaba bien organizado, que no aceptaba las donaciones inmediatamente o que no desarrollaba el lado comercial. Ante estas opiniones, el Sr. Gomes siempre mencionaba un hecho que hablaba por sí solo. Un día, la Madre Teresa había salido hacia la estación de tren a recoger algunos alimentos como harina y arroz. Había salido muy pronto, por la mañana, y por la tarde aún no había regresado. Ella sola había tenido que descargar la mercancía y estuvo todo el día sentada encima de los grandes sacos para que nadie le quitara la comida a sus chicas; en todas esas horas no había probado bocado, algo que hacía muchos otros días.

La prensa también ha tenido su papel a la hora de hablar de la Madre Teresa y su congregación, en muchas ocasiones bien, pero otras veces, según nos cuentan allegados a la Madre Teresa, con poco fundamento. Es el caso de un diario que publicó que una novicia había dejado la congregación por malos tratos y por el régimen dictatorial de la misma. Cuando la Madre Teresa vio la noticia se quedó perpleja, no sólo por lo que decía sino porque no conocía a nadie con el nombre que había salido en el periódico. Escribió una carta desmintiendo la noticia, pero nunca se publicó; algo que a la Madre le dolió mucho.

Una de las críticas más duras fue la acusación a la Madre Teresa de debilidad hacia los dictadores, quizá porque siempre mantuvo relaciones cordiales con los dirigentes de todos aquellos países a los que llegaron las Misioneras de la Caridad y en general con todos aquellos que lo requirieron. Relaciones que nunca tuvieron un tinte político, ya que como manifestó en más de una ocasión era un asunto que no le interesaba, del que deseaba mantenerse alejada porque nada tenía que ver con su obra. Hablaba con los políticos igual que podía hacerlo con cualquier otra persona, porque para ella todos eran iguales. Por otro lado, la Madre durante toda su vida intentó atender a todas aquellas personas que le solicitaron verla o hablar con ella, no es algo que sólo hiciera con personajes políticos. Después de estudiar un poco su obra, parece que queda más que demostrado que en ningún momento, nunca, se movió por algún interés distinto del amor. Más bien, algunas de las personalidades que querían hacerse la foto con ella pretendían aprovecharse, era una buena manera de lavar la imagen.

A los oídos de la Madre Teresa también llegaron cosas como que las hermanas no se dedicaban a temas realmente importantes, que tuvieran repercusión, sino que se volcaban en actos pequeños. A todos los que así pensaban la Madre les decía que con que ayudaran a una sola persona era suficiente, porque Jesús hubiera muerto por uno solo de nosotros, por una sola persona.

Crítica muy extendida fue también que la Madre Teresa «enviciaba» a los pobres, eso significaba que no se les estaba dando la posibilidad de salir ellos solos adelante, de conservar su dignidad y de aprender a ganarse la vida. Se lo decían desde periodistas hasta los propios religiosos. En una reunión que se celebró en Bangalore se lo repitieron una vez más. Ella esperó a que la situación se calmara, cuando se tranquilizaron los ánimos, argumentó por qué su misión consistía en dar sin pensar en nada más. Dijo que Dios era el primero en enviciarnos por darnos tantos dones gratuitamente, no se nos cobraba por respirar, ni por ver... además muchas congregaciones religiosas enviciaban a los ricos, por lo cual no entendía por qué no podía haber una sola congregación que «enviciara» a los pobres, sobre todo, que mucha de la gente que recogían de las calles estaban tan débiles que no podían valerse por sí mismos. Ante el silencio, quedó claro que nadie sabía qué responderle. La Madre consideraba que las Misioneras no estaban aquí para preocuparse de por qué existían los problemas en el mundo, simplemente debían responder a las necesidades de cada persona. Si por otro lado, eso también hacía disminuir las obligaciones de los gobiernos, como otros les criticaban, no le preocupaba porque los gobiernos no solían ofrecer amor. *Me limito a hacer lo que yo puedo hacer; el resto no es asunto mío.* Es más, a aquellas personas que pudieran ser mejor atendidas en otras organizaciones, les sugerían que fueran a visitarlos, aunque nunca han rechazado a nadie que tuviera verdadera necesidad.

Otras veces, la Madre Teresa tomaba otra actitud con respecto a las críticas y optaba por no contestar, lo mejor era callarse y dejar que sus obras hablaran por sí solas. Estaba tranquila porque sabía que su intención era obrar de la manera más correcta posible. Cuando les insistían en que cambiaran algunos de sus principios más básicos y esenciales, como podía ser el vivir como los pobres, entonces no le quedaba más remedio que hablar y era para pedirles directamente el favor de que no se entrometieran en sus vidas.

Todos los que han conocido a la Madre Teresa o han opinado sobre ella, en todos ha dejado una impresión. Delicada, caritativa, devota y entregada, equilibrada, humilde, con gran sentido del humor y sencilla. Para nadie ha pasado desapercibida, en todo aquél que se acercó a ella, dejó su huella.

PARTE V.   ANCIANIDAD
XIII.   SU MUERTE

13.1.   La continuación de su obra

Llegó un momento en el que la Madre Teresa intentó retirarse, lo deseaba y lo necesitaba, pero no le dejaron. Comentaba el padre Van Exem, que la primera vez que lo intentó fue en el año 1973, a la edad de sesenta y tres años. En el año 1979 hizo un segundo intento sin resultados. Hacia el otoño de 1980 se encontraba en Roma cuando le dio un primer infarto. Cuentan que se cayó de la cama, el dolor era tan fuerte que por eso accedió a someterse a una revisión. Ella pensaba que sólo se había roto una costilla, pero lejos de esta creencia lo que le diagnosticaron fue un problema cardiaco, si se hubiera detectado más tarde se hubieran producido serias complicaciones. Lo primero que hicieron fue hospitalizarla, un hecho que, por cierto, conmocionó al mundo entero, desde presidentes hasta jefes de estado. Permaneció ingresada dos meses en la clínica Salvator Mundi, pero no era buena enferma, deseaba volver a la actividad que había tenido que interrumpir. Finalmente le dieron el alta, aunque con ciertas recomendaciones y consideraciones que debía cumplir y que no siempre haría.

En 1983 sufrió una angina de pecho. La Madre fue recuperando la normalidad después de aquello. En el año 1989 tuvo otro susto, de nuevo hubo que internarla, esta vez en la clínica Woodlands de Calcuta para ponerle un marcapasos. Fue un periodo duro porque sufrió un gran deterioro físico, pero consiguió salir del atolladero una vez más.

Ahora más que nunca deseaba retirarse. Escribió al Vaticano y le pidió permiso para convocar el Capítulo General y así elegir

173

nuevo sucesor. Los titulares de los periódicos se dispararon: *La Madre Teresa se retira por razones de salud, Desaparece una leyenda, Adiós, Calcuta.* Se convocó el Capítulo la primera semana de septiembre de 1990, todas las hermanas sin excepción se posicionaron en contra del cambio. Resultó elegida por unanimidad, y el Vaticano anunció su reelección con más énfasis que su renuncia. A la Madre Teresa no le agradó salir elegida de nuevo, pero como siempre hizo con todo, aceptó la decisión de los demás.

En diciembre de 1991 se encontraba con sus hermanas de Tijuana, México, cuando tuvo que someterse a una angioplastia, a causa de una obstrucción de las arterias coronarias en una clínica de California. Continúaron los imprevistos, en 1993, en Roma, se tropezó con algo que le hizo caer y el resultado fueron 3 costillas rotas. En el verano de 1996 tuvo que volver a ser ingresada, se desmayó en el suelo, a los pocos meses hubo que tratarla de nuevo por el empeoramiento de sus dolencias cardiacas.

Lo cierto es que había una preocupación latente sobre la obra de la Madre Teresa y su continuidad por el día en que la Madre no estuviera. Ella era consciente de que algún día desaparecería y por eso se preocupó de que en cada lugar donde hubiera una casa, también hubiera una hermana superiora al frente de la situación. Sabía que no podía controlarlo todo y fue preparando el camino. Para que la obra se mantuviera y continuara creciendo pensaba que lo fundamental era conservar su esencia. *Mientras sigamos casadas con Él y fieles a nuestra pobreza, la misión prosperará. Yo no soy importante.* Estaba convencida de que la congregación perduraría en el tiempo, pero sólo si vivía de una pobreza auténtica y real, para conservarla alentaba a las hermanas a continuar buscando nuevas formas de aplicar el voto de pobreza, nuevas formas de vivir y de ser cada vez más pobres.

Hasta el final de sus días confió plenamente en la Providencia Divina, y nunca le preocupó qué pasaría con la obra una vez que ella no estuviera, siempre supo que era un mero instrumento en manos de Dios (como manifestó muchas veces), por lo que *Al igual que Dios me encontró a mí, encontrará a otra persona. Es obra de Dios, y Él proveerá.* No sólo no le preocupaba sino que pensaba que Dios encontraría a *una persona más humilde, fiel, cumplidora y obediente a Él; una persona sencilla, pero con una fe más profunda, por medio de la cual realizará Dios cosas mayores, que ayudarán a que la congregación haga más bien.* Una constatación a su vez del conocimiento y la creencia firme de que el futuro es incontrolable, por lo tanto como era imposible tener poder alguno sobre él, lo único que se podía hacer era actuar.

Sin hacer comparaciones, se puede decir que en la actualidad, la Providencia sigue guiando a las Misioneras de la Caridad. La hermana Nirmala, su sucesora dice que: *la Madre Teresa sigue siendo nuestra madre adoptiva, nuestra fundadora, que cuidó de nosotras en vida, y que lo sigue haciendo ahora desde el cielo.* Se dice que las cosas han cambiado, era algo más que lógico si entendemos que quien sucediera a la Madre Teresa nunca sería la Fundadora, pero el espíritu de la congregación dicen que permanece invariable.

13.2. Aumento de las Misioneras. Descenso de la Iglesia

Las Misioneras de la Caridad cada vez cuentan con más chicas que quieren entrar en la congregación, el número de solicitudes no para de aumentar, mientras que el número de religiosos con los que cuenta la Iglesia desciende cada día. Son datos que nos hacen pensar, por qué se contraponen dos hechos que deberían ir de la mano. ¿Qué sucede?

Quizá esto tenga que ver con lo mucho de integridad, honestidad y verdad que implica el ser religioso, tenga que ver con que la Madre Teresa englobaba estas cualidades con el profundo amor a Cristo. Con que predicaba con el ejemplo, no con palabras, sino con hechos, que traducían en obras el amor a Cristo. Tenga que ver con que miles de personas viven hoy en día gracias a sus milagros, porque cada acto de la Madre Teresa iba acompañado de gestos y acontecimientos milagrosos. Cada persona a la que curaba quitándole gusanos de la cara, cada niño al que alimentaba, o cada enfermo de lepra al que ayudaba a andar, cada día que esto se producía ocurrían muchos de esos pequeños grandes milagros.

Quizá tenga relación también con que el mundo en el que vivimos la gente quiere ver, ellas no ocultan nada de lo que hacen, todo el mundo sabe a qué se dedican, cada día ven el legado de sus obras, y precisamente porque ven, creen. Quizá tenga que ver con que ella fue una verdadera enviada de Dios a la tierra, ella misma decía: *Yo soy un instrumento, un lápiz en manos del Señor. Dios me muestra su humildad al hacer uso de sus instrumentos por muy débiles e imperfectos que seamos.* Quizá por estas razones y otras muchas ejerció, y continúa haciéndolo, una gran influencia en multitud de misioneras, religiosos y no religiosos. También en todas aquellas personas que no la conocieron pero que han leído acerca de su obra y les ha provocado hacer algo por los demás. *Madre de Bengala, Madre Teresa de Calcuta, Ma, Ma...* casi como susurro estos nombres no cesan de sonar en la India. Son como una institución, como un grito de ayuda, son el consuelo, el amor, la compasión, la caridad y la seguridad de una vida nueva y distinta. Una voz que suena más allá de sus fronteras.

Casi con seguridad la Madre Teresa ha sido y será para muchos una esperanza en un mundo que les resultaba difícil, ella tuvo algo importante y accesible que decir a quienes buscaban una mejor forma de vivir.

Las Misioneras de la Caridad, una de las congregaciones más radicales de la Iglesia católica que sin embargo no ha parado de aumentar. Su carta de presentación es la puesta en práctica de valores universales: el amor, el perdón, no juzgar a los demás, la humildad, la verdad, y la vía cristiana de la oración.

A finales del año 2002, la congregación de las Misioneras de la Caridad contaba con 4.000 hermanas. Una de las cosas que más le preocupó en vida a la Madre Teresa era el contar con buenas superioras, es decir hermanas que sintieran el espíritu de la congregación y así lo propagaran, que fueran siempre fieles a la más estricta pobreza, ya que sólo así podría continuar la obra. Por eso que siguiera y siga aumentando el número de hermanas que quieren entrar en la congregación, chicas muy jóvenes, aun en circunstancias tan frágiles, es parte del milagro de la obra de la Madre Teresa.

13.3. Su muerte

En febrero de 1997 la Madre Teresa se encontraba en muy mal estado de salud, era imposible una reelección, como ocurrió en

La Madre Teresa murió el 5 de septiembre de 1997 y el 13 de septiembre fue enterrada casi con los honores propios de una santa.

1990, por lo que se celebró un nuevo Capítulo General. La elegida fue la hermana Nirmala. Una mujer de procedencia nepalí, religión hindú y casta elevada, ya que su padre era militar. Nació el 23 de julio de 1934 y se licenció en Ciencias Políticas por la Universidad de Patna. En 1958, cuando tenía 24 años se convirtió al catolicismo e ingresó en las Misioneras de la Caridad que por entonces ya eran cerca de un centenar. Aunque las hijas de la Madre Teresa no exhiben su currículum se sabe que la hermana Nirmala trabajó en varios centros y fue una de las cuatro monjas que fundaron la primera casa en Venezuela por el año 1965. Desde el año 1979 se encargaba de la rama contemplativa de las Misioneras de la Caridad.

En mayo-junio de 1997, la Madre Teresa presentó al papa Juan Pablo II, en Roma, a la hermana Nirmala, su sucesora. Lo hizo con las atenciones que requería su situación, acompañada por la cardióloga Patricia Aubanel y en algunos momentos en silla de ruedas, con los miramientos oportunos por parte de las compañías aéreas, un duro esfuerzo que continuó con un viaje a Estados Unidos para asistir a las profesiones de hermanas jóvenes y presentarles a su vez a la nueva superiora general. A su vuelta a Calcuta aún tuvo ánimo de volver a pasar por Roma para saludar al pontífice.

La Madre Teresa murió el 5 de septiembre de 1997. Se le ofició un funeral de Estado. El 13 de septiembre fue enterrada casi con los honores propios de una santa. Las reacciones se sucedieron de inmediato. Asistieron multitud de personalidades, la reina de España, doña Sofía, la reina Fabiola de Bélgica, Noor de Jordania, la esposa del entonces presidente de los EE.UU., Hillary Clinton y Bernardette Chirac, el primer ministro de la India, Kumar Gujral, los presidentes de Albania y Ghana entre otros. También asistieron los máximos representantes de otras religiones: brahmanes hinduistas, mullahs islámicos, monjes budistas. En una ceremonia que duró algo más de 3 horas y que se retransmitió en directo por televisión para todo el mundo; un espectáculo que algunos apuntaron que no era lo más acorde con la forma de ser de la Madre Teresa. Las calles se agolparon de gente que gritaba su nombre, que la recordaba con pancartas, que gritaban al unísono lo que tantas veces la habían definido en vida: ¡Santa! Con su muerte el mundo se quedó un poco huérfano, fue un sentimiento inevitable.

La hermana Nirmala Joshi, pronunció estas palabras al día siguiente de que la Madre muriera:

La Madre Teresa sigue rezando por mí, por nosotras. Y las hermanas y hermanos del mundo entero me ayudarán en la tarea de servir a los más pobres entre los pobres, a todos los que sufren siendo imagen viva de Cristo que en la Cruz padece sed y todos los dolores. Nada cambiará entre nosotras. Continuaremos con la tarea de siempre en medio de los desheredados, los huérfanos, los disminuidos mentales, los leprosos, los moribundos, los que tienen hambre. Con la ayuda de Dios saldremos adelante.

13.4. Sobre la santidad

La Madre Teresa decía a las hermanas que debían adoptar la firme decisión de alcanzar la santidad. Sólo se trataba de querer o no querer. No se daba por satisfecha con que fueran buenas religiosas, porque deseaba ofrecerle a Dios un sacrificio perfecto, para que esa entrega fuera perfecta: el único camino posible era la santidad. Desde el momento que habíamos sido creados a imagen y semejanza de Dios, habíamos sido creados para ser santos. Pero esta idea no sólo se la trasmitía a las hermanas, también se lo decía a todos los que la escuchaban, desde gentes de religión hindú, musulmanes, parsis y cristianos, a todos sin excepción, les decía que la santidad no era un lujo que sólo pudieran alcanzar unos pocos, sino que era una invitación cuya clave residía en amar a Dios y a los hombres. Se podía empezar por aplicar la santidad en el hogar, amando a la familia y a los que nos rodeaban.

Sobre la santidad de la Madre Teresa, el 29 de diciembre de 1975 la revista norteamericana *Time* adelantó una especie de canonización laica de la Madre Teresa de Calcuta, bajo el título «Santos entre nosotros» y la definían como una Santa Viviente. Un famoso maestro indio, Krishnamurti, habló de esta santidad en vida como una consecuencia de la *integridad*. Vino a decir algo así como que las distintas partes de uno mismo se distribuían en cada persona de una manera equitativa. En el caso de la Madre Teresa había un equilibrio entre la vida de la acción y el amor y la rama contemplativa. Un equilibrio entre los pequeños detalles que conforman la vida cotidiana y la visión general y amplia que da el mirar desde la distancia, que en su caso era la meditación, una manera de dirigirse a la vida eterna.

La Iglesia católica establecía una serie de condiciones para declarar la santidad de una persona. En primer lugar era necesaria la muerte, después era indispensable la existencia de un milagro para la beatificación y otro milagro para la canonización. Se trataba de proponer modelos de imitación, ése pretendía ser el objetivo principal de la canonización. Y lo cierto, es que entre una buena parte de la opinión pública la Madre Teresa fue una santa en vida y ése era el sentimiento que se respiraba una vez que murió. De ahí que se acelerara su proceso de beatificación. El papa Juan Pablo II tuvo un interés especial porque la Madre Teresa fuera proclamada beata. De alguna manera, la beatificó cuando a los dos días de su muerte, el 7 de septiembre dijo en la Plaza de San Pedro:

La Madre Teresa fue una Misionera de la Caridad de nombre y de hecho, ofreciendo un ejemplo tan arrollador que arrastró tras de sí a muchas personas dispuestas a abandonarlo todo para servir a Cristo presente en los pobres. Las obras realizadas por ella hablan por sí mismas y manifiestan a los hombres de nuestro tiempo aquella otra significación de la vida que, por desgracia, a menudo parece caer en el olvido.

El 10 de octubre de 1997, al mes de morir, el arzobispo de Calcuta pidió a Roma la exención de cinco años que eran obligatorios para comenzar el proceso de beatificación. Esta excepción se concedió el 12 de diciembre, un año después por parte del Vaticano, es decir de Juan Pablo II. La archidiócesis de Calcuta, por su parte, puso en marcha el 26 de julio de 1999 el proceso diocesano. Cuando terminó la fase diocesana del proceso, la causa se trasladó a Roma. Se habló de centenares de milagros oficiados por la Madre Teresa, aunque todos tuvieron un carácter íntimo. En concreto, hubo uno que la comisión técnica aprobó como *inexplicable a la luz de la ciencia médica actual*. El 5 de septiembre de 1998, al año de su muerte, se invoca a la intercesión de la Madre Teresa para la curación de un tumor que una mujer tenía en el abdomen, era imposible operarla por lo que le colocaron una medalla que había estado en contacto con la Madre. El tumor y las demás dolencias desaparecieron. Hasta el 1 de septiembre de 2002 no se reconoce por una comisión de cardenales el veredicto médico el cual reconoce como heroicidad las virtudes de la Madre Teresa.

El 19 de diciembre de 2002 Juan Pablo II ratificó el mismo juicio y anunció la fecha de su beatificación: el 19 de octubre de 2003 sería un día histórico. Un hecho que para muchos no hizo más que confirmar la creencia de que se trataba de una verdadera santa. Algo que por encima de todo demostró en vida, en cada minuto, en cada gesto y en cada acto, todos y cada uno de ellos fueron milagrosos, porque nadie ha sido capaz de realizar algo ni siquiera semejante.

En todo este proceso no podemos olvidarnos de las hermanas Misioneras de la Caridad cuya postura fue siempre de absoluta calma. Las hermanas, a través de la hermana Nirmala manifestaron que no tenían prisa por la beatificación de su Fundadora, lo que de verdad deseaban es que el testimonio de la Madre Teresa se extendiera para que todo el mundo pudiera conocerlo. Vivieron este proceso con plena discreción y paciencia y alejadas del triunfalismo. En aquellos momentos, la conocían personalmente el noventa y cinco por ciento de las hermanas, por eso precisamente intentaron comportarse tal y como ella hubiese querido, y lo más importante es que intentaron que el espíritu de la Madre Teresa siguiera vivo, con absoluta fidelidad buscaron una prolongación de su carisma. La Madre Teresa estaba feliz y tranquila con la elección de su nueva sucesora. Por su parte, la hermana Nirmala se ha mostrado tranquila con la evolución posterior de la congregación de las Misioneras. Considera que no ha habido cambios significativos con respecto a la época en la que vivía la Madre Teresa, por el contrario se mantienen fieles al apostolado que las impulsa a vivir en obediencia, pobreza y castidad entre los más pobres entre los pobres. Como muchas veces dijo la Madre Teresa, si se mantenían esos preceptos la continuidad de la obra estaba asegurada.

XIV.   LA REVOLUCIÓN DEL AMOR

14.1.   El amor es revolucionario

La Madre Teresa hizo su propia revolución. Su verdadera revolución fue la del amor. Lo dejó todo, primero familia y luego el convento en Entally, dos grandes sacrificios por amor a Dios. Algo que también pusieron en práctica todas aquellas monjas que la siguieron de manera incondicional. Muchas jóvenes pertenecían a castas antiguas y abandonaban sus privilegios para ponerse al servicio de los marginados, ahí estaban las raíces de una auténtica revolución que sólo tenía que ver con el amor, a Dios y al prójimo. Cada uno de las hermanas y hermanos que se unieron a la congregación tienen detrás una historia de sacrificio. Hablamos de revolución, por el hecho en sí y por la cantidad de gente que movilizó, y que ha seguido movilizando con el paso del tiempo, porque la Madre Teresa tiene miles de seguidores de todas las partes del mundo, desde que comenzó su obra no han dejado de aumentar. No sólo le han seguido misioneros y misioneras, sino personas laicas a las que les transmitió que había que hacer algo por los demás, colaboradores y voluntarios cuya aportación es fundamental para el desarrollo de la obra. Una revolución que ha llegado a los lugares más olvidados, que se ha preocupado de los que nadie quiere.

Una revolución que consistía en ESTAR. Era importante hacer algo por una persona, pero mucho más era el saber y el querer estar con ella, porque sino se estaba haciendo un simple trabajo asistencial, y eso no era lo que ellas pretendían. Mucho más importante que la cantidad de cosas que se hacían por los demás era la cantidad y la calidad del amor que se ponía en cada acto, la capacidad de compartir. La Madre Teresa estuvo rodeada de casos de extrema gravedad, y era consciente de que ni ella ni las hermanas podían, en la mayoría de los casos, solucionar estos problemas. Por eso era especialmente importante *estar con ellos y estar por ellos,* no podían cambiar su estado, pero sí aliviar su dolor. Ésa es la razón de que mucha gente se haya sentido inútil ante un enfermo de sida o un indigente moribundo, cuando comprendían que lo importante era *estar ahí* desaparecía el sufrimiento y se entregaban con más amor si cabe a la actividad que estaban desempeñando. En la medida que fuéramos capaces de no pensar en los resultados como lo único, estaríamos aprendiendo más sobre la dimensión contemplativa del amor. Había que buscar el equilibrio entre el amor activo, el que está ahí para prestar ayuda, y el amor que aguarda, respeta y espera en silencio, acompañando. El mensaje que le transmitían a los más pobres entre los pobres era el siguiente: *No podemos solucionar tus problemas, pero Dios te ama aunque estés discapacitado, aunque seas alcohólico o padezcas la lepra; te cures o no, Dios te quiere lo mismo, y nosotros estamos aquí para expresarte ese amor.* Una vez más ella y las hermanas eran intermediarias de Cristo en la tierra. El amor era el móvil de todos y cada uno de sus actos, su motor, y su fuente de energía.

Para todos aquellos que no eran religiosos y tenían una vida distinta de las misioneras, es decir, para la inmensa mayoría de la población, la Madre Teresa decía que era una revolución que todos podíamos poner en práctica, como todo en la vida sólo había que desearlo, proponérselo. Nuestra familia era la mejor opción.

Ni la Madre Teresa, ni las hermanas, juzgaron jamás a las personas a las que atendían. Si se trataba de un tema como el sida, no preguntaban cómo se habían contagiado, si se producía un embarazo no deseado no indagaban en las causas, si alguien había tenido que mendigar no se cuestionaban por qué, con los drogadictos o enfermos de lepra ocurría lo mismo. Como hemos dicho, su misión y su deseo, por encima de todo, era ESTAR, si juzgaban ya se estaban preocupando de otra cosa y no de lo primordial que era dar amor. Había que intentar detectar sus necesidades para después cubrirlas. Lo que cada uno hubiera hecho en su vida no era asunto suyo, ni les interesaba, ellas no estaban aquí para opinar y mucho

La Madre Teresa enseñó tanto a sus discípulas como al resto del
mundo católico que había que amar sin límite.

185

menos para juzgar a nadie. Las hermanas sólo veían que eran necesarias y cuidaban de esas personas.

Una revolución que propugnaba que el amor, en cualquiera de sus variantes, debía ser desinteresado. La cuestión no era dar para esperar algo a cambio, no había que hacer las cosas por lo que pudieran aportarnos, se trataba de dejar fluir nuestros sentimientos sin pensar en nada. El amor verdadero es el que no pone condiciones y no alberga expectativas, así lo manifestaba la Madre Teresa. Amar sin entender era quizá de lo más complicado, también lo más verdadero. Gandhi, con quien ya hemos dicho que la Madre tuvo importantes conexiones, dijo: *Actuad, pero no busquéis el fruto de vuestras acciones*

La Madre Teresa enseñó que había que amar sin límites, y eso implicaba amar hasta sentir dolor. Dar sin límites, lo cual no significaba hacer grandes cosas, sino hacer las pequeñas cosas de la vida, esas cosas que nadie quería hacer y que suponían un sacrificio, entonces era cuando de verdad el amor en la acción se llenaba de valor. Fingir amor no era demasiado difícil en un mundo en el que nadie estaba acostumbrado a pedir, y por tanto a dar hasta sentir dolor. La Madre tenía muy claro que el mundo podría ser distinto con una sola cosa que hiciéramos, con un solo y único propósito: amarnos más los unos a los otros.

14.2. Una revolución femenina

Quizá no ha habido muchas declaraciones específicas y concretas de la Madre Teresa acerca de los hombres y las mujeres, al menos no como una diferencia de sexos. Pero eso no quiere decir que no fuera consciente de que esa diferencia existiera y queda de manifiesto cuando se da cuenta de que es necesaria la presencia de hermanos misioneros, de hombres, para desarrollar cierto tipo de actividades que fueron surgiendo, como el trato con chavales, alcohólicos y drogadictos, y practicar deporte con ellos y enseñarles ciertos oficios que implicaban más fuerza física. Así mismo se pronunció en alguna ocasión sobre las mujeres, entonces dijo cosas como que todas las mujeres podían ser iguales a los hombres con cerebro y medios, sin embargo consideraba que ningún hombre podía igualar a las mujeres en lo referente a la capacidad de amar y servir a los demás.

Sobre su revolución y sus actuaciones algunos han dicho cosas como: *Ninguna mujer en la historia de la Iglesia se ha conducido de un modo tan poco ortodoxo*, también se ha dicho que era *La última mujer obediente de la Iglesia...*, una obediencia que, por cierto, traspasó las fronteras de la religión, raza, credo y nacionalidad.

A lo largo de la historia ha habido líderes espirituales que han ido surgiendo dependiendo de las necesidades e inquietudes de cada momento. Personas de gran fortaleza y carisma que generalmente hicieron una pequeña o gran aportación, según el caso. Pero hay que decir que en cuanto al tema religioso se refiere, siempre, o casi siempre, se ha tratado de personajes masculinos. En general, la historia ha estado falta de personajes religiosos del género femenino y activos, de ahí que el caso de la Madre Teresa sea también, por este motivo, especialmente revolucionario.

14.3. Algunos paralelismos con Jesús

No es de extrañar que la Madre Teresa tenga paralelismos con la figura de Jesús porque fue una fiel seguidora de sus preceptos. Quizás se pueda decir que la Madre fue una de esas personas tocadas por Dios en la tierra. Jesucristo hizo algo irrepetible, creó una de las principales religiones del mundo que desde hace miles de años no ha parado de tener seguidores, la Madre Teresa luchó por perpetuar esta religión siguiendo fielmente sus preceptos. Una diferencia crucial y muchas semejanzas.

Sin elegirlo, los dos fueron protagonistas de una revolución. En la época del Imperio Romano donde dominaba el lujo y la ostentación, Jesús buscó la compañía de los pobres, se declaró amigo de las prostitutas y vivió como lo hacían los más necesitados. Su mensaje conmocionó al mundo, era un mensaje de amor. En el siglo XX la población mundial se sintió de nuevo conmocionada con el mensaje que traía la Madre Teresa, de nuevo un mensaje basado en el amor, era su particular revolución que se estaba gestando sin ella saberlo. Dos mil años después no era habitual que alguien escogiera con absoluta libertad la pobreza como modo de vida, que fuera coherente con lo que predicaba y que lo reflejara a través de sus actos. En esta ocasión fue a una mujer a la que siguieron miles de personas, un hecho nada habitual en un lugar como la India que traspasó fronteras, y nada convencional en el marco de la Iglesia Católica donde los hombres siguen teniendo un papel fundamental. Los dos hicieron su personal revolución del amor.

Los dos vivieron como los pobres. Los dos vivieron de la mendicidad. Jesucristo vivió de limosnas durante su vida pública, la Madre Teresa tampoco tuvo reparo en vivir de la caridad y pedir de puerta en puerta para servir a enfermos y pobres.

EPÍLOGO

Gran parte de las reflexiones, cronologías y hechos expuestos y tratados en el libro han sufrido una evolución propia de las circunstancias y del avanzar imparable del tiempo. Eso no le quita valor a lo aquí contado porque formó parte de una realidad que, de alguna manera, cambió un poquito el mundo. Era la realidad y las vivencias de la Madre Teresa, así como testimonios de personas que la conocieron. Una realidad que tanto yo como otros autores nos hemos atrevido a contar a través de libros, entrevistas y colaboradores, intentando, si no decir lo que a ella le hubiera gustado, que resulta demasiado pretencioso, sí al menos trasmitir una pequeña parte de lo que hizo, de lo que sintió y pensó, poniendo especial esmero en no desvirtuar demasiado algo tan sagrado como son los sentimientos de un ser humano.

Decir que no tuve el privilegio de conocer personalmente a la Madre Teresa, de ahí el compromiso adquirido con el resultado de este libro, deseando que lo escrito sea lo más cercano a una vida llena de sacrificio, y por consiguiente mi confianza absoluta en todas aquellas personas que la han conocido y en la buena voluntad de todos ellos. Creo que nadie ha escrito una biografía de la Madre Teresa sin admirarla, y en mi caso ha ocurrido exactamente lo mismo. Sólo puedo decir que este proyecto me ha transmitido mucho amor, que era lo que la Madre Teresa quería, por mi parte sólo queda ser capaz de poder transmitir un poquito de lo que me ha enseñado.

189

BIBLIOGRAFÍA

CHAWLA, NAVIN: *La Madre Teresa. Mi vida con los más pobres.* Espasa-Biografías, 1996.

D'ORAZI FLAVONI, FRANCESCO: *Historia de la India.* Editorial Antonio Machado.

FERNÁNDEZ DE CÓRDOVA, M.ª: *La Madre de los más pobres: Teresa de Calcuta.* Madrid, Magisterio Casals, 2001.

GONZÁLEZ-BALADO, JOSÉ LUIS: *Madre Teresa. Mi vida por los pobres. Memorias.* Madrid, Editorial Temas de Hoy, 2003.

GONZÁLEZ-BALADO, JOSÉ LUIS: *Madre Teresa de Calcuta. Anécdotas de una vida.* Madrid, Acento Editorial, 1998.

GRAY, CHARLOTTE: *La Madre Teresa de Calcuta.* Madrid, Gente de ayer y hoy, 1990.

LE JOLY, EDWARD: *La Madre Teresa. Lo hacemos por Jesús.* Madrid, Editorial Palabra, 1987.

NAIPUL, V.S.: *India.* Barcelona, Mondadori, 2003.

SPINK, KATHRYN: *Madre Teresa, Biografía Autorizada.* Editorial Plaza & Janés, 1997.

VARDEY, LUCINDA: *Madre Teresa de Calcuta. Camino de Sencillez.* Barcelona, Editorial Planeta, 1998.